铸魂育人　启智润心

大连海事大学专业课程思政教学
工作指引选编

吴桂涛　编

人民日报出版社

北　京

图书在版编目（CIP）数据

铸魂育人 启智润心：大连海事大学专业课程思政教学工作指引选编 / 吴桂涛编 . -- 北京：人民日报出版社，2024. 12. -- ISBN 978-7-5115-8530-1

Ⅰ . G641

中国国家版本馆 CIP 数据核字第 20241CC579 号

书　　名：**铸魂育人 启智润心：大连海事大学专业课程思政教学工作指引选编**
ZHUHUN YUREN QIZHI RUNXIN：DALIAN HAISHI DAXUE ZHUANYE KECHENG SIZHENG JIAOXUE GONGZUO ZHIYIN XUANBIAN

作　　者：吴桂涛

出 版 人：刘华新

责任编辑：毕春月 刘晴晴

封面设计：天翼文化

出版发行：人民日报出版社

社　　址：北京金台西路 2 号

邮政编码：100733

发行热线：（010）65369527 65369509 65369512 65363531

邮购热线：（010）65369530 65363527

编辑热线：（010）65363105

网　　址：www.peopledailypress.com

经　　销：新华书店

印　　刷：三河市华晨印务有限公司

法律顾问：北京科宇律师事务所 010-83622312

开　　本：787mm×1092mm 1/16

字　　数：242 千字

印　　张：14.5

印　　次：2025 年 2 月第 1 版 2025 年 2 月第 1 次印刷

书　　号：ISBN 978-7-5115-8530-1

定　　价：69.00 元

编委会

前　言

"大学之道，在明明德，在亲民，在止于至善"（《大学》），大学的职能不只是传授专业知识，培养专业技能，更应将知识传授和能力培养、价值塑造三者有机融为一体，重点优化课程思政的内容供给，帮助学生塑造正确的"三观"，这才是大学"立德树人"的应有之义：铸魂育人，培养德智体美劳全面发展的能够担当民族复兴大任的时代新人；启智润心，使课程思政与知识传授同向同行。

全面推进课程思政建设，是高校落实立德树人根本任务的战略举措。课程思政的本质，既是高等教育价值观的理性回归，也是高校本质职能的回归，更是教师天职的回归。在此基础上，大连海事大学切实提高政治站位和思想认识，充分发挥教师队伍"主力军"、课程建设"主战场"、课堂教学"主渠道"的协同作用，将价值观引导寓于知识传授和能力培养之中，使各类专业课程与思政课程形成联动效应，构建全员全过程全方位的育人大格局。

在秋光里问道，在教研中求索。本书汇聚大连海事大学多位省级以上教学名师智慧，结合教育部关于课程思政建设的要求，从专业角度，全方位设计课程思政教学体系。春风化雨，润物无声，以期为更多教师更有效地开展课程思政的教学和科研工作尽绵薄之力。

传承好学风，树立好教风。希望本书能为广大教师修身立德、坚持真理、传道解惑提供启迪，能为莘莘学子坚守理想、潜心学习、不负韶华赋予激励。本书亦可作为"校风、学风、教风"建设、师生思想政治教育以及新教师培训的参考用书。

本书由大连海事大学吴桂涛主编。编写过程中得到众多教师的热情参与和各教学单位的大力支持，在此表示感谢。

书中如有遗漏和不妥之处，诚请读者批评指正。

目 录

第一章

航海技术专业课程思政教学工作指引·····················1

第二章

轮机工程专业课程思政教学工作指引·····················20

第三章

船舶电子电气工程专业课程思政教学工作指引·····················40

第四章

救助与打捞工程专业课程思政教学工作指引·····················60

第五章

交通运输专业课程思政教学工作指引·····················81

第六章

测控技术与仪器专业课程思政教学工作指引·····················101

第七章

机械设计制造及其自动化专业课程思政教学工作指引·····················119

第八章

能源与动力工程专业课程思政教学工作指引·····················132

第九章

电子商务专业课程思政教学工作指引·····················148

第十章

信息管理与信息系统专业课程思政教学工作指引·····················164

第十一章

行政管理专业课程思政教学工作指引·····················182

第十二章

英语专业课程思政教学工作指引·····················203

第一章 航海技术专业课程思政教学工作指引

第一节 绪论

一、航海技术专业课程思政的现实性

交通行业在国民经济中占据关键地位，它是社会运转的动脉，有力推动着经济增长和社会进步。在当前全球经济一体化，共建"一带一路"，加快建设交通强国、海洋强国的大背景下，作为交通行业重要支柱的海上交通运输业迅速发展，为国家经济和社会发展提供了保证，在提高人们生活质量的同时极大地促进了社会生产力的发展，促进了世界的文化交流与贸易发展，将世界各国紧密地联系在一起。随着海上交通运输业的不断壮大，我国对具有国际视野、专业技能和综合素质的高级航海人才的需求也越发迫切。

航海技术专业是航海类本科院校培养远洋船舶海上交通运输高级管理人才的主干专业，其专业课程思政教学具有重要的现实意义。航海技术专业所涉及的人才培养、人才与系统、设备的管理等诸多方面的复杂性，要求其专业知识体系必须涵盖战略、政策、法规、安全、经济、人文、伦理等诸多方面，与思政教学有着天然的

内在联系，具有厚实的课程思政基础。航海技术专业课程思政教学须与国家发展战略、行业发展需求密切结合，围绕《交通强国建设纲要》，在其课程体系中挖掘和提炼社会人文、政策法规、发展理念、管理思维、责任担当、创新实践和海洋意识等思政元素，并融入专业知识的传授之中，开展课程思政教学。

二、航海技术专业课程思政教学的目标和原则

（一）课程思政教学目标

航海技术专业课程思政教学目标是，以习近平新时代中国特色社会主义思想为指导，全面落实立德树人根本任务，始终牢记"为谁培养人""如何培养人""培养什么样的人"的时代命题，推进全员、全过程、全方位育人，突出鲜明的航海技术专业特色，使各类课程与思政课程同向同行，将显性教育和隐性教育统一，形成协同效应，从而培养具备正确的世界观、人生观、价值观，拥有良好的人文素养、海洋意识、国际视野、创新精神、社会责任和职业素养，以及扎实的自然科学基础知识和航海技术基本理论，系统掌握船舶航行、货物积载与装卸、船舶作业管理和人员管理、船舶通信等方面的知识和技能，综合素质好、安全与环保意识强、具有国际竞争能力的新时代"航海家"型人才，和德、智、体、美、劳全面发展的社会主义建设者和接班人。

同时，结合航海技术专业育人特点，践行社会主义核心价值观，通过科学挖掘本专业各门课程蕴含的思想政治教育资源，精准凝练专业基础课、专业理论课、专业实践课等不同类型课程的课程思政教学重点和教学方法，在航海技术专业建设、课程建设、课堂建设、教师教学能力培养、评价激励机制建设过程中，实现价值塑造、知识传授和能力培养有机融合，形成航海技术专业课程思政教学体系。

（二）课程思政教学的主要原则

坚持顶层设计，遵循思想政治工作规律、教书育人规律和学生成长规律，明确专业课程育人目标，优化教学方案，健全评价体系；坚持专业特色，尊重航海技术专业各课程的专业教学体系、完整的知识体系；坚持改革创新，做到课程思政为党育人、为国育才，知行合一、如盐化水、润物无声。应坚持三个统一。一是知识传授与价值引领的统一。将社会主义核心价值观融入知识传授过程，这是课程思政遵

循的基本原则。二是技能培养与素养教育的统一。将国家、社会、经济、法律、安全、环境、生态等教育融入对学生解决海上交通运输行业实际问题的技能培养中。三是能力达成与全面育人的统一。课程教学过程中，让学生感受到专业的科学性、严谨性、真实性、规范性，培养良好的职业道德、敬业精神、人文关怀、社会责任、团队意识等。

同时，充分考虑在半军事管理模式下学习和生活的航海技术专业学生，情感、态度以及价值观塑造过程中的具体特点，还应坚持以下原则。

1. 融合专业特色，尊重教学规律

航海技术专业具有鲜明的技术性和实践性。课程思政教学设计，应立足航海技术专业特点，围绕不同课程的教学目标，充分利用和发挥课堂理论授课和船舶认识实习、船舶毕业实习等实践教学的特点，寻找合适的切入点，将思政教育融入各个教学环节，让学生在理论和实践有机结合中感受航海精神，提升职业素养。有意识地设计德育递进教学路径，从课内到课外，从理论知识到实习实践，从理解到应用，构建具有航海技术专业特色的专业课程教育全过程思政育人模式。

2. 巧妙引导，激发情感共鸣

课程思政不仅是理论知识的灌输，更是对情感、价值观的培育。在航海技术专业课程中，巧妙地将思政内容融入专业知识，通过生动的案例、真实的场景，让学生在轻松愉快的氛围中接受思政教育，产生情感共鸣，形成正确的价值观和人生观。

3. 以学生为中心，提升思政教育亲和力

学生是思政教育的主体。要始终以学生为中心，关注他们的学习需求、心理特征和成长规律等，准确把握学生思想动态，根据学生的实际情况开展个性化的思政教育，提高学生对专业课程学习的专注度和积极性，增强学生的认同感和接受度，从而提高思政教育的亲和力。

4. 适度原则，确保"术"与"道"的和谐统一

在航海技术专业课程中融入思政教育时，要坚持适度原则。既要确保专业知识的传授不受影响，又要让思政教育发挥应有的作用。在专业课程教学中找到思政教育的切入点，将二者有机结合起来，实现"术"与"道"的和谐统一。同时，注重评价体系的完善，确保思政教育的有效实施。

第二节 航海技术专业课程思政的内涵、
思政元素及其与课程目标的融合

一、课程思政的内涵

　　课程思政的实质是一种课程教学观，是将思政教育融入课程，将知识传授和价值引导相统一的过程，需要根据课程的教学内容和教学特点，挖掘其蕴含的思政元素，确保学生在认知、情感、行为等方面保持正确的方向。专业课程思政从理想信念、爱国主义、品德修养、知识见识、严谨治学、奋斗精神以及综合素质方面对学生进行塑造，蕴含职业规范、社会责任、价值引领、团队沟通、国际视野、可持续发展与终身学习等内涵。航海技术专业课程思政是在专业基础课、专业核心课、专业实践课教学过程中，根据教授课程内容不同，将思政元素通过各种教学手段和教学方法深度、有机地融合到课程内容中，充分体现对航海技术专业人才素养、知识、能力等方面的要求。

　　课程思政是一种全员、全方位、全过程的育人模式，它使专业课程与思想政治理论课同向同行，形成协同效应，共同完成立德树人的根本任务，为培养德智体美劳全面发展的社会主义建设者和接班人奠定坚实基础。

二、课程的思政元素

　　航海技术专业秉持"以学生为中心"的核心理念，通过实施全过程覆盖、全方位浸润和全要素参与的"三全育人"创新模式，致力于培养具备高度专业素养和广阔国际视野的新时代"航海家"型人才。学院注重前置关怀，建立贯穿式育人链条；践行知行合一，培养奋斗精神；融入集体，培养团队意识；强化责任担当，培养家国情怀。此外，学院积极整合校内外优质资源，创新跟进式育人模式，为学生明确职业发展方向、成长为行业精英提供有力支持。航海技术专业以培养新时代"航海家"型人才为己任，不断创新和完善学生培养模式，努力提升"三全育人"工作的新成效，为航运事业的蓬勃发展贡献智慧和力量。

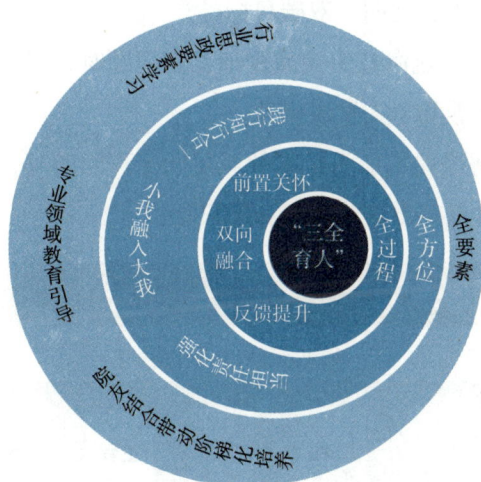

图1-1　航海技术专业课程思政贯穿式育人链条

航海技术专业课程思政元素涉及价值引领与政策法规、品格塑造与人文素养、职业素养与发展理念、科学精神与创新实践、社会责任与工程伦理等方面，包括但不限于九个工程观：工程价值观、工程系统观、工程社会观、工程经济观、工程文化观、工程安全观、工程环境观、工程道德观、工程法律观。

工程价值观。在解决航海技术领域复杂工程问题时，对重点突出社会主义核心价值观（富强、民主、文明、和谐；自由、平等、公正、法治；爱国、敬业、诚信、友善）的思考和体现，包括政治认同、家国情怀、集体主义等。

工程系统观。在解决航海技术领域复杂工程问题时，培养学生求真务实的科学精神、系统论的思想方法和多学科交叉的应用能力。强调对工程问题从系统的角度进行分析、综合和优化。

工程社会观。在解决航海技术领域复杂工程问题时，将工程技术与社会的相互作用纳入工程教育中，培养学生的社会责任感、团队意识和终身学习意识等。

工程经济观。在解决航海技术领域复杂工程问题时，对国民经济、效益成本等方面的思考和体现。

工程文化观。在解决航海技术领域复杂工程问题时，对全球视野下的文化、习俗和习惯等的思考和体现，重点突出文化素养、全球视野。

工程安全观。在解决航海技术领域复杂工程问题时，对工程项目对国家、经济、社会、居民、环境等的安全影响的思考和体现。

工程环境观。在解决船舶航海技术复杂工程问题时，对自然、环境、生态等的思考和体现，重点突出生态文明、双碳目标等。

工程道德观。在解决航海技术领域复杂工程问题时，对道德、伦理等的思考和体现，重点突出职业素养和个人素质提升。

工程法律观。在解决船舶航海技术领域复杂工程问题时，对法律法规、标准规范等的思考和体现，重点突出法治意识和维权意识。

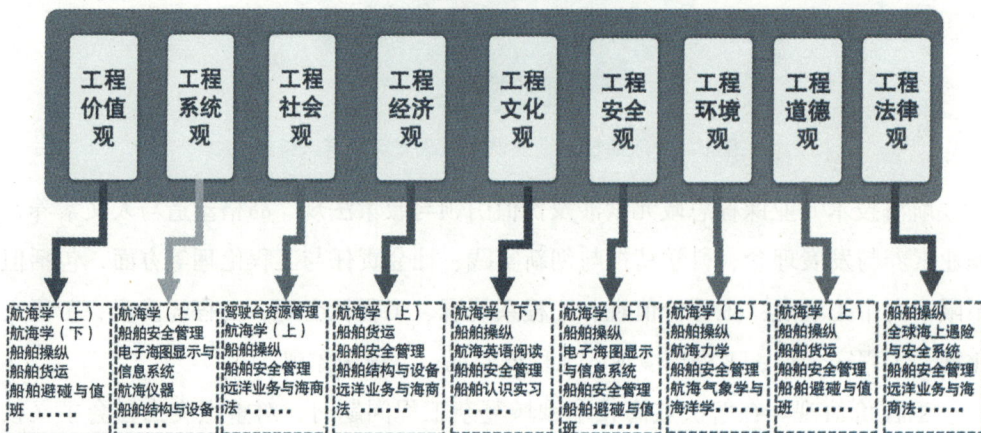

图1-2　航海技术专业课程思政元素：九个工程观

突出鲜明的学校和航海技术专业特色，专业遵循学校提出的"三色"课程思政理念，优化课程思政内容体系。三色思政是以光学三原色"红、蓝、绿"为主色调，凝练海事特色"三色"课程思政理念，并融合科学家精神、创新精神、工匠精神等，涵盖法治教育、劳动教育、中华优秀传统文化教育等方面，"调配"出缤纷斑斓的思政色彩，实现学生德智体美劳的全面培养。

代表海大人政治坚定、爱党爱国的**共同本色**

依托半军事管理育人模式强化爱国主义教育

将红色爱国主义作为学生培养的底色和根基

红色血脉

"三色"课程思政理念

蓝色基因

绿色科技

代表海大人热爱海事、经略海洋的**海大特色**

将海洋文化融入课程，筑牢学生海洋强国梦想

用蓝色文化浸润学生心灵，唤醒学生血液中的蓝色基因

代表海大人面向前沿、引领未来的时代亮色

将建设美好家园、美丽中国与育人相结合

将安全智能低碳等创新要素融入课程

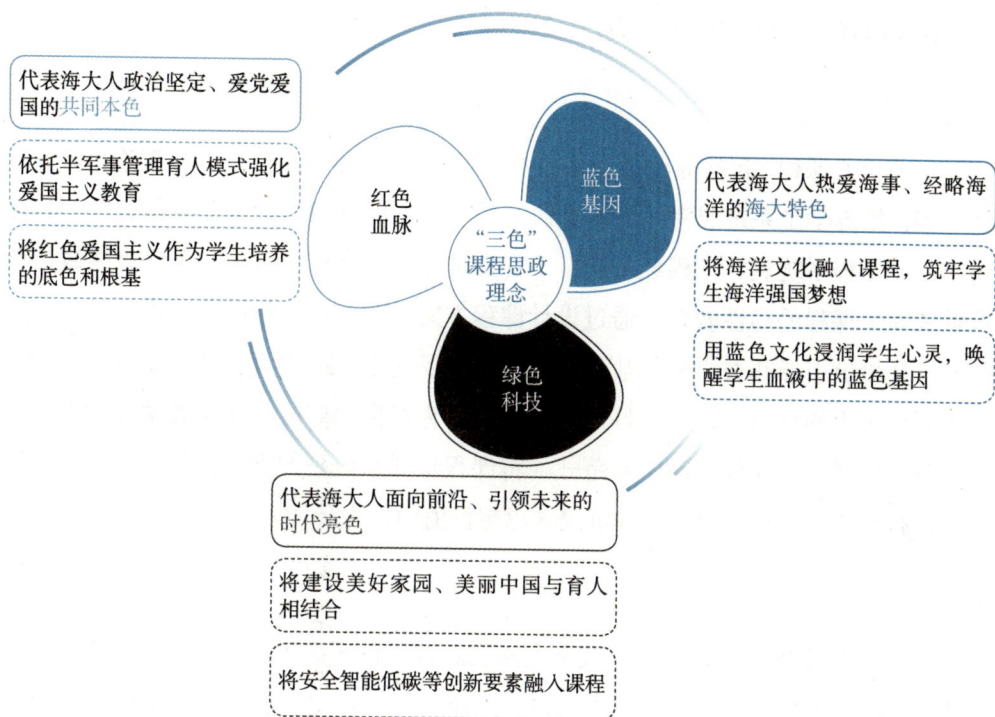

图1-3　海事特色"三色"课程思政理念

三、课程思政与课程教学目标的融合

课程思政与课程教学目标是融合的、一致的，而不是矛盾的、对立的，在课程追求理论、方法等技术知识和能力教育的同时，也需要达到国家、社会、经济、法律、安全、环境、生态等非技术性的要求。把思政理念融入专业课程中，首先要制定明确的教学目标，除知识目标和能力目标外，还需要进一步明确课程的育人目标。结合专业特点，本着润物细无声的理念，在教学中融入社会主义核心价值观，强化大学生理想信念、价值取向、政治信仰、社会责任感教育。在传道授业解惑中引人以大道、启人以大智、育人以大德，为学生一生的发展奠定重要的思想基础和精神底色。

（一）专业基础课程

专业基础课程教学涉及专业发展历程、内涵特点、体系架构、专业与社会经济的关系等内容，具有一定的引导性、概括性和前沿性。涵盖的课程思政元素很多，

如工程价值观、工程系统观、工程社会观等。

（二）专业核心课程

专业核心课程（包括专业必修课和限选课），教学目标是传授专业理论、方法、技术等，培养学生系统思考、分析、研究的能力，课程思政元素需要结合课程具体内容，如工程系统观、工程经济观、工程安全观等。课程思政是一种将思想政治教育融入理论课程的隐性教育。通过设计课程方案、改革教学组织、改进教学评估等措施，让价值引导在教学中如盐在水，达到春风化雨、润物无声的育人效果。对于学生理论知识的学习，以及良好道德品德和行为习惯的养成，课堂教学只是中间一个环节，应考虑构建课程教学新范式，将课程从课堂内延伸到课堂外，将思想政治理论课和专业课程相结合，形成沉浸式思想价值引领大环境。

（三）专业实践课程

专业实践课程（包括线上、线下实验实践课和认识/生产实习及毕业实习/设计等），教学目标是培养学生实践能力、操作技能，理论方法在工程实践中的应用能力，课程思政元素可以包含工程社会观、工程文化观、工程道德观、工程法律观等。加强对学生专业能力的培养，鼓励学生积极"走出去"，深入企业实践，学习企业先进的技术和实践经验，丰富教学内容和教学案例，提高学生学习的兴趣；参加各种交流和培训，学习国内外先进教育理念和方法，定期进行讨论，深入挖掘课程所蕴含的思想政治教育资源，在知识传授中注重强调价值的引领，在价值传播中注意凝聚知识的底蕴，让课程教学逐步实现"价值塑造、能力培养、知识传授"三位一体的教学目标。

具体课程思政与课程目标融合实施方案，参见表1-1。

表1-1　航海技术专业课程思政与课程目标融合实施方案

课程分类		工程价值观	工程系统观	工程社会观	工程经济观	工程文化观	工程安全观	工程环境观	工程道德观	工程法律观
专业基础课程	机械制图	√	√				√			
	电工学I	√	√					√		
	航海专业数学	√	√				√			
	航海力学	√	√				√	√		√

续表

课程分类		工程价值观	工程系统观	工程社会观	工程经济观	工程文化观	工程安全观	工程环境观	工程道德观	工程法律观
专业基础课程	（船舶）无线电技术基础	√	√			√	√	√		
	船舶原理	√	√				√	√		
专业核心课程	航海学（上）	√	√	√	√	√	√	√	√	
	航海学（下）	√	√	√	√	√	√	√	√	
	船舶操纵	√	√	√	√	√	√	√	√	
	船舶避碰与值班	√	√	√	√	√	√	√	√	√
	航海气象学与海洋学	√	√	√	√	√	√	√	√	
	船舶结构与设备	√	√	√	√		√	√		
	船舶货运	√	√	√	√		√	√	√	√
	船舶安全管理	√	√	√	√	√	√	√	√	√
	船舶导航雷达	√	√	√	√		√	√		
	航海仪器	√	√	√	√		√	√		
	GMDSS通信设备与业务	√	√	√	√		√			√
	电子海图显示与信息系统	√	√	√			√	√		√
	远洋业务与海商法	√	√	√	√		√	√		√
	航海英语阅读	√		√	√		√	√	√	√
	航海英语会话与评估	√		√	√	√	√	√	√	√
专业实践课程	船舶认识实习	√	√	√	√		√	√	√	√
	毕业实习及毕业论文	√	√	√	√	√	√	√	√	√
	航线设计	√	√		√		√	√		√
	驾驶台资源管理	√	√	√	√		√	√	√	
	雷达操作与应用		√				√	√		
	货物积载与系固	√	√	√	√		√	√	√	√

第三节　航海技术专业课程思政教学的方法

一、课程思政元素在课程教学大纲中的体现

课程思政应紧密结合专业基础课程、专业理论课程、专业实践课程的具体内容，在课程教学大纲中提出课程思政的要求、思政元素的表述、思政教学的重点、思政教学的方法以及思政教学内容的安排。

（一）课程目标应明确思政要求

在培养航海技术专业学生掌握海上运输、导航、通信、救生等核心技能和知识的同时，应强化其热爱祖国，尊重海洋、维护海洋环境意识，确保学生严守航海纪律，具备高度的安全意识与危机应对能力。此外，还应提升学生的法律意识，使其熟悉并遵守国际公约与航海法规，增强对自我行为后果的责任意识。

（二）课程内容应精心设计思政元素

课程负责人应积极探索思政元素与专业知识点的有机结合方式，将爱国主义教育、环保意识教育、安全意识教育及法治意识教育等融入课程教学的各个环节。通过教案与教学日历的精心设计，确保思政元素在课程的每一章节、每一个知识点中都有所体现，形成潜移默化的教育效果。

（三）课程作业与项目设计应体现思政目标

通过分组讨论、角色扮演、案例分析等多种形式，促进学生间的交流与合作，培养其团队合作精神与沟通能力。同时，设置与思政目标紧密相关的主题或问题，引导学生深入思考与探究，将所学思政元素转化为实际行动。此外，还应鼓励学生将思政元素融入实践，通过实践活动加深对思政理念的理解与认同。

（四）课程考试须包含思政目标考核

将思政目标纳入课程评价体系，通过多样化题型全面考查学生的思政素养与综合能力。这不仅有助于检验课程思政的实施效果，还能进一步激发学生的思政学习热情，促进其全面发展与素质提升。

二、课程思政元素在课程教学中的表现方式

课程思政元素在课程教学过程中表述的方式、方法、载体等具有多样性，可根据课程教学内容和思政元素的特点进行选择，例如故事、案例、场景、图片、视频、多媒体等。在课程教学中，课程思政元素的表现应注意以下三个方面。

（一）启发与渗透相结合

课堂互动和学生参与是必不可少的，避免采用口号式、说教式的宣讲和说教。要注重启发学生，促使他们主动地认知、认同和内化思政元素，避免被动地注入、移植和揳入，使思政元素融入学生的日常生活中。在课程教学过程中，可以通过提问、讨论、情景模拟、角色扮演等多种方式实现启发教育，这不仅可以培养学生的辩证思维和创新能力，还可以增强学生的自信心和主动性，提高学生对课程思政的认知和理解。在启发的同时，将思政元素融入课程教学中，使其贯穿整个教学过程。还可以通过教材选择、教学方法、案例分析、讨论等方式实现。渗透思政元素可以帮助学生更好地理解和掌握课程知识，同时可以增强学生的道德情操和社会责任感，培养学生正确的世界观和人生观、价值观。通过启发与渗透相结合，实现教学效果的最大化，使学生真正理解和掌握思政元素，并能将其应用到实际生活中。

（二）历史与现实相结合

从纵向历史与横向现实的维度出发，通过认识世界和中国的发展趋势、国际形势和中国特色、历史使命和时代责任等，使思政元素既源于历史又基于现实，既传承历史血脉又体现与时俱进，深度地融入解决航海技术领域复杂工程问题的现实场景中。通过学习历史，可以让学生认识到课程思政教学的渊源、发展历程和积淀成果，使明确思政教育的重要性和必要性，能更好地激发学生的兴趣，增强学生的参与度，提高教学效果。同时，将历史与现实相结合，能帮助学生更好地认识和理解

当今社会的发展趋势、国家战略和重大问题，把握当前发展形势和机遇，从而更好地引导学生理论联系实际，将所学知识和技能应用到实践中，真正做到学以致用，为国家和社会的发展作出贡献。

（三）教学过程与教学效果相结合

课程思政应立足航海技术专业的定位和人才培养特色，针对课程教学内容，有的放矢地设计思政元素、选择教学方法、制定评价标准。在课程教学的全过程中，应该有意识地设计思政元素、选择教学方法、制定评价标准，使课程思政既不脱离课程教学内容，又不过于强调教育宣传。通过课程思政的渗透，促进学生主动地认知、认同、内化，从而在实践中贯彻课程思政的价值。同时，从学生的思想、态度和行为三个方面入手，在教学过程中评估课程思政的教学效果。通过对学生思想、态度和行为的评估，了解课程思政在学生中的接受程度和理解程度，从而进一步调整教学方法，完善课程思政的渗透效果。

三、课程思政元素在课程教学中的总体设计

在课程教学大纲提出的目标和要求的基础上，结合课程教学内容总体设计，将思政元素融入课程每一章节的教案，并与时俱进地修改、补充、完善教案。在课程教学准备时，结合具体的课程内容，充分挖掘思政元素，寻找其与课程知识体系的融合点，并以润物无声的形式渗透到课程教学过程中。设计方案应考虑以下几个方面。

由航海技术专业负责人牵头，充分考虑思政元素的内涵和特点，从全局进行统筹和规划，定期开展专业任课教师的研讨、培训工作，利用集体的智慧逐步完成思政元素素材库以及优秀案例库建设。制定有效的激励机制，鼓励教师在保证结合课程具体内容的前提下，从课程的每一章设计至少一个课程思政案例做起，逐步发展到每次课、每一个知识点都有课程思政元素、案例的设计。

课程思政的教学，遵循目标指引（确立课程目标）、问题导向（顶层设计课程内容）、以人为本（知识价值融会贯通）、融合创新（内容方式相得益彰）的思路开展，应结合具体的课程内容和学科特性，考虑如何将思政元素与知识点有机结合，使其既能促进知识点的掌握，又能提高学生的思想素养和道德水平。

考虑如何通过多种形式表达思政元素，从而激发学生的学习兴趣和思考意识。

例如，在教学中，可以通过故事、案例、场景、视频等形式，引导学生思考相关的思政元素，并与实际情境相结合，使学生更加深入地理解和体会。

考虑如何对课程思政教育进行评价和反馈，以确保课程思政教育的有效性和可持续性。例如，可以通过课堂互动、学生作业、课程反馈等多种方式，收集学生对思政教育的反馈和建议，进一步完善和改进课程思政教育的内容和方式。

第四节 航海技术专业课程思政教学的评价

一、学生课程思政学习的考核方式和方法

每门课程考核须包含课程思政的内容，可以根据任课教师所设计课程思政内容、形式等的具体情况，选择包括但不限于试卷、报告（含实验报告）、课堂讨论/问答、作业等一种或多种考核形式体现。课程思政的考核需要有记录，并能够形成根据考核结果持续改进课程思政教学的闭环机制。具体方式应注意以下方面。

考核方式多样化。航海技术专业课程思政教学的考核方式应当多样化，既要考核学生对知识的掌握和技能的应用，也要考核学生对思政元素的理解和运用。这些考核方式可以融入课堂交流、课程作业、课程设计、课程实验、课程考试等教学环节中。例如，在课堂交流中，要求学生参与讨论，发表自己的观点；在课程作业中，要求学生阅读相关的文献，撰写有关思政元素的论文或报告；在课程设计和实验中，要求学生深入实践，探究实际问题，考虑思政元素的应用和体现。

设置明确的考核标准。航海技术专业课程思政教学的考核标准应当明确，以便对学生的思政学习进行评价。根据课程教学各个环节，制定明确的评判依据，相关的评分项和评分标准。例如，在课堂交流中，根据学生的表现、讨论的质量和深度来评分；在课程作业中，根据学生的论文或报告的内容、逻辑性和思政元素的体现来评分；在课程设计和实验中，根据学生的实践能力、创新能力和思政元素的应用来评分。

追踪学生思政学习效果。航海技术专业课程思政教学应当对学生的思政学习效果进行追踪和评估。采用对学生行为观察、调查、座谈会等形式，分析学生课程思政的效果，总结完善学生思政考核方式方法。例如，在课堂交流中，观察学生的表现和参与度；在课程作业和设计中，通过评分和点评来评估学生的思政学习效果；在课程实验中，观察学生的实践能力和思政元素的应用。这些评估结果应反馈给学生和教师，以便进行进一步的改进和提高。

表1-2　教学互动反馈机制建议表

互动方式	互动途径及内容
问卷调查感想反馈	开课前，了解学生对课程的需求，适当对课程内容进行调整
	课程结束后，收集学生对课程的感想、收获与不足等内容，以便改进
课堂提问思考研讨	课前5分钟提问，了解学生对上一讲知识点的掌握情况，帮助回顾要点
	课堂最后10分钟思考题研讨，启发学生对实际问题或者社会现象的专业深层思考，了解学生专业知识的理解和思政教育的效果
"大作业"汇报师生点评	通过"大作业"内容与表达，获悉学生对专业知识点的掌握和应用，并培养管控实践与责任担当能力
	通过学生相互点评了解学生的看法，教师点评则有助于针对性提升学生的管控优化与可持续发展理念
课程作业学习体会	课程作业，是对课堂内容进行深化应用，加深对知识点的掌握和应用
	在作业后设置开放环节，学生发表学习体会或建议，促进学生总结思考以及对课程的反馈

二、教师课程思政教学的考核方式和方法

考核教师是否按照课程思政要求开展了相关教学活动，重点在以下三个方面。

（一）教师是否对课程思政有充分的理解

教师应能深刻理解课程思政对于学生的思想道德素质、社会责任感等方面的重要性和现实意义，清楚地认识到自己在教学过程中的思政工作职责。

课程思政是贯穿于各类课程之中，以培养学生的正确价值观和丰富学生的思想内涵为目的的思想政治教育。教师应该深刻理解课程思政在学生全面发展中的重要作用，认识到教育是为了培养人，而不仅仅是传授知识。只有将思政教育与学科教育相结合，才能实现教育的真正意义，让学生受益终身。教师对课程思政的必要

性和现实性应有深刻的理解，才能真正做好课程思政教育工作，让学生在课堂中受益，成为有道德、有文化、有爱国心的新时代人才。

（二）教师是否能将课程思政要求落实到课程大纲中

教师在教学准备过程中，应深入挖掘和理解课程思政元素，结合具体课程内容，将思政要求贯穿教学全过程，包括课堂教学、教学研讨、实验实训、课程考核等各环节，确保课程思政要求得到全面贯彻和落实。

教师需要通过了解国家和学校对课程思政的相关规定和要求，深入探究课程所承载的思政要素，并将其与课程教学目标进行对接，从而明确课程思政要求在课程中的具体体现。教师需结合具体的课程内容和学生群体特点，制定相应的课程教学计划。

（三）教师是否能实现课程思政效果

教师应将学生的思政教育成果纳入课程考核，通过选题、出题、答题等方式，将课程思政要求与课程考核相结合，确保学生在课程考核中不仅能掌握相关知识，还能体现出自身思政素质的提升，确保课程思政教学目标的实现。

教师可以通过案例分析、讨论、演讲、论文等多种方式，引导学生思考与课程内容相关的政治、道德、文化等问题。教师还应注重课程实践环节中的思政教育。例如，在实验实训、科技创新、社会实践等环节中，教师应结合具体实践内容，引导学生关注社会热点、人民生活、文化传承等问题，注重培养学生的社会责任感和实践能力，提高学生的思政素质。

三、课程思政教学的评价方式和方法

从专业角度来看，开展课程思政教学是一个基本要求，必须通过实际行动落实到课程教学中，使学生在专业学习中能够充分认识课程思政的重要性，提高综合素质，为未来的职业生涯打下坚实的基础。

（一）课程大纲"有目标、有要求"

课程大纲是课程教学的重要组成部分，是教师在开展教学工作前进行教学设计和教学管理的依据，也是教学过程中进行教学评价和反思的基础。因此，航海技术专业的课程大纲应该明确表述课程思政教育的目标和要求，体现以价值引领与政策法规、品格塑造与人文素养、职业素养与发展理念、科学精神与创新实践、社会责任与工程伦理为主的几个工程观。

（二）教学过程"有内容、有落实"

重点考查课程思政的相关制度和机制、教师的课堂教学过程、授课教案是否按照课程大纲要求执行，是否将课程思政元素与教学内容融会贯通。教学过程中，应注重将课程思政元素贯穿课堂教学、实验实训、教学研讨等各个环节。在课程教学中，教师应根据专业特点，结合国家和行业的发展要求，将思政教育与专业知识融合起来。

（三）课程考核"站得住、立得稳"

重点考查是否建立了完善的课程思政考核体系，是否提出明确的考核标准，是否制定课程思政教学参考依据。

建立完善的考核体系。考核体系应该包括多种考核形式，如课堂测试、实验考核、作业、论文等，合理分配各项考核的权重，以全面评价学生的学习成果。

明确考核标准。考核标准应根据课程大纲和学习目标来制定，并且要明确、具体，不仅能准确地反映学生在知识掌握、实践能力、思政教育等方面的表现，还能能量化学生的表现并便于评估。

制定课程思政教学参考依据。课程思政教学参考依据应该明确、具体，能够为教师提供具体的教学指导。教师应该根据课程思政教学参考依据，切实将课程思政要求贯穿课堂教学、实践训练、考核评价等方面。

持续改进和提高。考核不是一次性的，应持续改进和提高。教师和教学管理部门应该根据考核结果，及时总结经验，发现问题，并对教学过程进行改进，不断提高课程思政教学效果。

（四）课程思政"行得远、有保障"

应组建一支具有政治素养优秀、教学经验丰富的教师队伍，开展课程思政教研活动，提升教师课程思政教学水平。同时，还应建立健全课程思政教学机制和管理体系，明确管理方式、内容和标准，为课程思政教学提供有力保障。

第五节　教师开展课程思政教学能力要求与提升

一、教师开展课程思政应具备的条件

（一）资格认定

任课教师要具有硕士研究生及以上学历，讲师及以上职称，具备班主任经历，接受过一次学校及以上单位组织的课程思政培训。

教授职称，如果是中共党员，可以直接认定资格。

未达到上述标准的教师，须旁听具有课程思政资质的教师一轮课程，经专业负责人核准后，可以独立实施课程思政的授课与考核工作。

（二）对教师开展课程思政的要求

对青年学生真切期待的回应。教师应了解青年学生的特点和需求，在课程中注重引导和启发学生，激发他们的热情和潜力，培养他们的爱国主义、集体主义和社会责任感。

对专业知识的深度理解。教师应具备扎实的学科知识和教学能力，才能更好地将思政元素融入专业课程，让学生在专业知识学习中领悟思政价值。

对思政原理的准确领悟。教师应对马克思主义基本原理、中国特色社会主义理论体系、中华优秀传统文化等有深入的理解和思考，引导学生树立正确的世界观、人生观、价值观。

对时局变化的及时把握。教师应该关注时事热点和形势政策变化，及时更新课程思政内容，让学生了解社会最新动态和发展趋势，提高其社会责任感和使命感。

对育人信念的忠诚坚守。教师应始终坚持以人为本、以育人为中心的思想，注重学生个性发展和全面成长，关心学生身心健康和人格塑造，注重对学生的情感关怀和引导。

（三）教师开展课程思政应具备的能力

构建亲和的师生关系，选用贴近学生生活的思政案例，激发学生兴趣与共鸣，为思政教学铺设情感桥梁。

紧跟时代步伐，融入最新政策与时事热点，确保学生思想的前沿性与视野的开阔性。同时，灵活运用教学手段，展现思政要素的多样性与深度，使思政教育生动有趣。

提升教学技巧，将思政元素巧妙融入专业教学，实现专业知识与思政理念的有机结合，让学生在潜移默化中接受思政教育。

注重理论与实践相结合，将思政案例与教学宗旨融入社会现实，坚持实事求是，增强思政教育的说服力和实效性。

强化资源整合能力，分析、鉴别并整合思政与教学资源，构建个性化教学新体系，为课程思政的实施提供有力保障。

二、教师课程思政教学能力的培训

教师培训应该是一项长期而系统的工作，包括课程思政教学理论知识、教学策略、教材设计、案例分析等方面。积极组织专业任课教师参加校内外课程思政的线上、线下培训，不同层次的教师，从初任教师到教学骨干、教学名师都应该受到培训，以提高教师的整体水平。

在条件允许的前提下，可以在校内外以线上或线下的方式举办专题讲座、研讨会等，邀请知名学者、优秀教师、行业专家进行授课和交流，对专业任课教师进行培训，为其提供更多思想和教学资源。

形成专业教师课程思政定期交流、研讨机制，评估教师培训的效果，对培训结果进行分析和总结，及时调整培训计划和方式，以提高教师培训的针对性和有效性。与教研室教学法活动绑定，每学期专任教师关于课程思政教学交流研讨的次数应不少于6次。同时，应建立完善的奖惩机制，对在课程思政教学方面表现出色的教师进行奖励，鼓励教师积极参与课程思政教学工作，营造推崇课程思政的氛围，从而提高整个学校的教育教学质量。

三、课程思政的制度和机制建设

针对航海技术专业的特点，构建一套科学、系统、规范的制度和机制，为培养具备高度责任感、国际视野及深厚爱国情怀的新时代"航海家"型人才提供有力保障。

成立航海技术专业课程思政工作小组。该小组由具有深厚航海背景的教授和一线教学骨干组成，结合航海技术的专业特点，精心规划思政课程内容，确保思政教育与航海技术专业课程的有机结合。

建立航海技术专业教师思政能力提升计划。通过组织航海技术教师参与航海文化、海事法规、国际海洋战略等专题培训，以及思政教育方法论的学习，提升教师将思政元素融入专业教学的能力。

构建以航海特色为内核的评价体系。该评价体系重视学生在航海专业知识学习中展现出的责任感、团队合作精神、国际视野及环保意识等海洋精神特质，并将其纳入课程评价体系，以激励学生全面发展。

建立航海实践中的思政教育机制。通过开展海上认识实习和毕业实习等实践活动，让学生在亲身体验中感受航海人的艰辛与荣耀，培养其爱国情怀、职业道德和国际交流能力。

建立航海技术专业课程思政的资源共享平台。加强与国内外航海机构、海事组织及航运企业的合作，通过共享教育资源、交流教学经验，不断提升航海技术专业课程思政的质量和水平。

这一系列具有航海特色的制度和机制建设，为航海技术专业开展课程思政提供了有力保障，促进了学生思想政治素质与专业素养的全面提升。

第二章　轮机工程专业课程思政教学工作指引

第一节　绪论

一、轮机工程专业课程思政的现实性

　　"新工科"建设是中国工程教育应对新经济发展形势和新技术发展的重要举措。党的十八大以来，党中央提出建设海洋强国、交通强国，共建"一带一路"。海上交通运输行业，是共建"一带一路"、建设海洋强国、交通强国的重要组成部分。在此背景下，亟须提升交通运输行业人才的培养质量，聚焦专业课程的内涵建设，重构人才培养体系，积极推进专业课程的思政融合教育，以强化专业课程的价值引领效力。轮机工程专业，是航海类本科院校培养远洋船舶海上交通运输管理人才的主干专业。现代远洋船舶航线长、范围广、流动性强，船员代表着国家的形象，轮机工程专业的国际性尤为突出，培养的人才应更符合国际化标准。因此，在轮机工程专业人才培养过程中，既要重视专业技能训练，也要注重国家使命感、工匠精神、敬业精神等综合素质的培养。将立德树人作为轮机工程专业教育的根本任务，重构建全员、全过程、全方位的"三全育人"格局，充分发挥轮机工程专业课程的

课程思政育人功能，具有重要的现实意义。

二、轮机工程专业课程思政教学的目标和原则

（一）课程思政教学目标

课程思政的核心在于以明确的育人目标为引领，将课程思政与专业教学有机融合，实现育人和育才相统一的目标。轮机工程专业课程思政的教学目标，应以习近平新时代中国特色社会主义思想为指导，充分考虑建设海洋强国、交通强国战略，共建"一带一路"对新时代轮机工程专业人才培养的需求，在实现知识传授和能力培养的同时，体现对专业人才的价值塑造。

各专业课应以全面落实立德树人为根本任务。通过科学挖掘轮机工程专业各门课程蕴含的思想政治教育资源，精准凝练专业基础课、专业核心课、实验实践课等不同类型课程的课程思政教学重点和教学方法，在轮机工程专业建设、课程建设、课堂建设、教师教学能力培养、评价激励机制建设过程中，形成轮机工程专业课程思政教学体系。以培养具有较高的人文社会科学素养，广阔国际视野，较强的海洋意识、创新精神和社会责任感，较强的实践能力、沟通能力和安全环保意识，能够在轮机工程及相关领域从事操作与维护、生产制造、技术服务、运营管理以及科技开发等工作的高素质工程技术、管理人才和德、智、体、美、劳全面发展的社会主义建设者和接班人，作为轮机工程专业人才培养的课程思政教学目标。

（二）课程思政教学的基本原则

在科学、全面地完善思政育人目标的基础上，注重顶层设计，规划轮机工程专业自身特色的课程思政教育体系，遵循思想政治工作规律、教书育人规律和学生成长规律，从课程资源整合、教学模式创新、教师立德树人意识养成及评价激励制度制定等方面进行一体化设计与实施。以现有轮机工程专业课程体系和知识体系为基础，基于"学生中心、产出导向、持续改进"的工程教育改革理念，面向国家教育方针与政策要求，面向航运发展的新趋势、新技术，面向相关国际公约的新要求，结合轮机工程专业特色优势、学科特点，充分分析学生毕业需求，以实事求是、创新思维、突出重点、注重实效作为课程思政教学的基本原则，着力开展轮机工程专业课程思政建设。

1. 实事求是原则

课程思政教学应以"培养什么人、为谁培养人、怎样培养人"这一根本问题为导向，对思政育人元素的挖掘和融入必须全面真实地反映社会、行业、专业的发展历程，取得的伟大成就以及面临的主要问题。专业课教师在进行教学设计时，应基于学生的实际情况、专业背景以及课程内容，寻找合适的思政元素进行融入。

2. 创新思维原则

课程思政所展现的是一种创新思维，强调在思想政治理论课以外的课程中融入思想政治教育，这是以前的思想政治教育未曾关注的。而且在课程思政建设的具体过程中，也更需要创新思维，以新思维催生新思路、以新思路谋求新发展、以新发展推动新方法、以新方法解决新问题，实现课程思政的创新发展。

3. 突出重点原则

课程思政教学不是随意地在课程教学过程中进行思想政治教育，教师首先要从整体上把握课程的内容。"整体"就是在思政教育的基础上，对课程的全部理论内容要有全面的、深入的、透彻的理解，对课程所涉及的主要能力要求能够全面、熟练、牢固地掌握。这样才能在具体讲授每一堂课时，将思政教育有效结合重点内容进行讲述，恰当地把握重点内容与思政教育的内在联系，进而保证课程思政的育人效果。

4. 注重实效原则

根据课程的知识体系和教学大纲，做好每一节课的课程思政教学目标、教学内容、教学方法等的设计，深入挖掘可以培养学生政治信仰、价值取向、理想信念、社会责任、道德品质等的育人元素，有机地融入课程教学全过程。注重课程思政教学方法创新，即灌输与渗透、理论与实际、历史与现实、显性与隐性相结合，确保课程思政教育的实效性。

第二节　轮机工程专业课程思政的内涵、思政元素及其与课程目标的融合

一、课程思政的内涵

课程思政的核心，应是将"做人做事的基本道理、社会主义核心价值观的要求、实现民族复兴的理想和责任"融入专业课程和教育教学全过程、各方面。作为理念创新，应强调落实立德树人根本任务，培养可堪民族复兴大任的时代新人。作为制度创新，应强调要从中国特色高等教育制度层面来认识，以此推动立德树人体制机制的不断完善。作为实践创新，应强调所有课堂都是育人主渠道，所有课程、所有教师都要深入挖掘课程蕴含的思想政治教育元素，并有机融入各类课程教学。课程思政不仅是理论教学问题，更是一个实践问题，要求专业课教师介入学生的日常学习和生活中，以科学思维、工程思维、创新思维来推动学生的科学探索、工程实践和创新动能，从而培养学生的科学精神、工匠精神和创新精神。轮机工程专业课程思政应在此基础上，在专业基础课、专业核心课、实验实践课教学过程中，根据教授课程内容不同，将思政育人元素通过丰富多样的教学手段和教学方法深度、有机地融合到课程内容中。

二、课程的思政元素

课程思政元素的挖掘应基于专业人才培养目标，对思政内涵进行细化分解，系统整合人才培养目标中的情感、态度和价值观等方面的组成要素，在充分考虑轮机工程专业的行业特色及学生特点的基础上，形成课程思政育人维度和对应的二级指标点，并重新架构基于"知识+技能+态度"，融入课程思政育人理念的轮机工程

专业知识体系，知识体系的性质应由传统知识培养向注重对学生的能力养成培养转变，如图2-1所示。

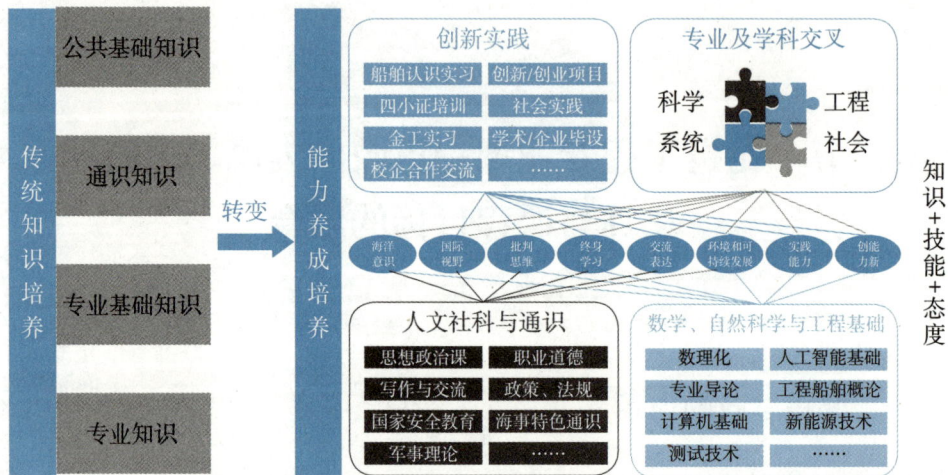

图2-1　融入课程思政育人理念的轮机工程专业知识体系构建

轮机工程专业课程思政元素的挖掘，应紧紧围绕专业人才培养目标，充分诠释轮机工程专业课程思政内涵，系统结合教育目标中的情感、态度和价值观组成要素，考虑轮机工程专业学生的心理需求。思政元素应是其工程科学和技术与国家、社会、经济、法律、文化、环境等相结合的产物，应体现轮机工程人才在该专业领域中解决复杂工程问题时展现的工程价值观、工程系统观、工程社会观、工程经济观、工程文化观、工程安全观、工程环境观、工程道德观、工程法律观等综合素养。具体的课程思政元素应围绕如下9个思政维度和21个二级指标点进行挖掘，如表2-1所示。

表2-1　课程思政元素维度指标点及内涵解析

思政维度	思政内涵	二级指标点	思政内涵
工程价值观	在解决交通运输领域复杂工程问题时，增强学生对新时代中国特色社会主义建设的自信，对国家、民族和中华优秀传统文化的认同感，激发学生社会主义建设的使命担当意识	"四个自信"	中国特色社会主义道路自信、理论自信、制度自信、文化自信
		人类命运共同体	关注人类面临的全球性问题，以及航运在解决全球性问题方面所做的贡献，积极参与跨文化交流
		民族振兴	理解民族振兴的本质是实现国家各个领域的振兴，使中华民族更加坚强有力地立于世界民族之林，中华民族为世界作出新的重大贡献

思政维度	思政内涵	二级指标点	思政内涵
工程系统观	在解决交通运输领域复杂工程问题时，具有求真务实的科学精神、系统论的思想方法和多学科交叉应用能力。强调对工程问题从系统的角度进行分析、综合和优化	科学精神	塑造理性精神和实证精神，运用科学原理和方法解决问题，恪守科学伦理，服务国家民族，为人类谋福祉
		系统思维	在解决复杂工程问题时，应具备系统化意识，并能将其解构、重组，分析系统性复杂问题的内在联系，从而提高对整个系统的全面认识和理解的能力
		跨学科协同意识	在工程教育中，注重跨学科教学，尤其是与社会科学、人文科学和环境科学等相关领域的交叉学科教学，使学生更全面地了解工程技术与社会的相互作用
		创新思维	具有好奇心和想象力，能发现需求，形成新的想法并给出明确的预期目标以及对创意进行评估
工程社会观	在解决交通运输领域复杂工程问题时，将工程技术与社会的相互作用纳入工程教育中，培养学生的社会责任感、团队意识和终身学习意识等	社会责任	反思科学发展和应用对社会和环境的影响，理解工程科技推动社会健康可持续发展、造福人类社会的责任
		团队意识	个体在团队中的自我认同、责任意识、合作意愿和协作能力
		自主学习和终身学习	培养自主学习和终身学习意识，掌握自主学习的方式方法。具有自主学习和终身学习的意识，有不断学习和适应发展的能力
工程经济观	在解决交通运输领域复杂工程问题时，对国民经济、效益成本等方面的思考和体现	经济意识	在工程设计和实践中，从经济角度出发，全面分析和综合考虑投资、成本、效益、风险等因素，关注经济发展过程的民生问题，理解经世济民的社会责任
工程文化观	在解决交通运输领域复杂工程问题时，对全球视野下的文化、习俗和习惯等的思考和体现	全球视野	拓宽视野，增强全球意识和全球化思维，培养跨文化交流和合作的能力。认识世界各地的人们都是平等的、具有共同的人类尊严，关注全球范围内的社会、文化、环境、经济等问题，拥有超越地域和国界的思维方式
		文化素养	有关文化的知识、技能、价值观和审美能力，对文化的理解和欣赏、对历史、哲学、艺术等领域的基础知识掌握、对传统文化和现代文化的认知和对话能力、对跨文化交流的开放性和包容性，以及对文化多样性和文化创新的认识和追求等方面的素质

思政维度	思政内涵	二级指标点	思政内涵
工程安全观	在解决交通运输领域复杂工程问题时，对工程项目与国家、经济、社会、居民、环境等的安全影响的思考和体现	安全风险意识	对安全规定和标准的遵守和执行，安全风险的识别、评估和控制，安全管理和监督的支持和协作，安全教育和培训的参与和重视
		职业操守	应具备基本职业规范和职业行为准则，具有严谨、细致、专注、负责的工作态度
工程环境观	在解决交通运输领域复杂工程问题时，对自然、环境、生态等的思考和体现，重点突出生态文明建设、"双碳"目标等	环境保护意识	对环境保护的认识、认同和关注程度，包括对自然资源的珍视和利用，对环境污染和生态破坏的抵制
		可持续发展	应具备在实现经济社会发展的同时保持环境可持续性的相关知识，在行业领域内推崇节能减排、"双碳"目标等所需的先进科学技术，确保行业健康可持续发展
工程道德观	在解决交通运输领域复杂工程问题时，对道德、伦理等的思考和体现，重点突出职业素养和个人素质提升	职业素养	应具备高尚的道德品质，遵守职业道德规范，具备诚实守信、保守秘密、尊重他人、公平竞争的职业意识
		个人素质	应具备良好的人文素养、思维素养、社交素养、心理素质、生活素养和公民素养等
工程法律观	在解决交通运输领域复杂工程问题时，对法律法规、标准规范等的思考和体现，重点突出法治意识和维权意识	遵纪守法	明确国际公约、国内法规对行业及工程作业等的规范和要求，能合理评价工程解决方案对相关技术标准、公约法规的影响，在工程实践中严格规范、自觉遵守
		维权意识	具备对维护自身合法权益的认识和意识，对法律、法规、政策等的了解和认同，维护和捍卫自身权益的责任感和行动力

三、思政与课程教学目标的融合

　　课程思政与课程教学目标不是对立的、矛盾的，课程思政也不是简单地在专业课中进行思政教育，而是需要在课程设计时将课程的知识目标、能力目标和价值目标融为一体，这就需要将课程思政与专业课程的教学目标进行有机融合。在教学设计中，应结合专业课的章节知识点，有针对性地深入挖掘、系统地梳理课程的德育内涵与思政元素，应秉承紧扣知识内涵，从细处着手，以小见大，润物无声地融合教学思路。课程思政教育融入专业知识点，要做到无缝衔接、不刻意、不空洞、隐性自然，因地制宜地利用课程内容以及外延的一张图片、一段故事、一个案例、一则热点新闻作为思政素材，以学生喜闻乐见的方式进行课程教学与分享讨论。在不增加课程学时、不改变课程性质、不减少专业知识讲授的情况下，有意识地将轮机工程专业课程内容与课程思政元素自然融合，和谐衔接，从而提升学生对专业课程的获得感，以满足轮机工程专业学生全方位成长与发展的需求。

在进行课程思政与课程教学目标融合时，应充分考虑本专业设置的专业基础课程、核心专业课程以及专业实践课程的各自特点，有针对性地围绕九个工程观和与之对应的二级指标点进行课程思政元素的挖掘。以轮机工程专业部分课程为例制订的具体实施方案，可参见表2-2。

表2-2 轮机工程专业课程思政与课程目标融合实施方案

课程分类		工程价值观	工程系统观	工程社会观	工程经济观	工程文化观	工程安全观	工程道德观	工程环境观	工程法律观
专业基础课程	轮机工程材料		√	√	√				√	
	专业导论	√		√		√	√	√		√
	航海概论	√				√			√	√
	工程热力学		√	√	√					
	现代轮机技术与管理	√	√		√			√		
	新能源技术	√	√		√		√		√	
专业核心课程	船舶柴油机	√	√				√		√	
	船舶辅机	√	√				√		√	
	轮机自动化	√	√	√		√				
	船舶动力装置技术管理	√	√		√		√	√	√	√
	船舶电气设备及系统	√	√	√			√			
	轮机维护与修理	√		√	√		√		√	
	船舶防污染技术	√			√				√	

续表

课程分类		工程价值观	工程系统观	工程社会观	工程经济观	工程文化观	工程安全观	工程道德观	工程环境观	工程法律观
专业实践课程	船舶认识实习	√	√	√			√		√	√
	金工实习		√	√			√	√		
	船舶柴油机拆装		√	√			√			
	轮机综合实验		√		√		√			
	机舱资源管理			√			√			√
	辅机综合训练		√	√			√		√	

融合了课程思政目标的轮机工程专业人才培养目标可凝练为：轮机工程专业人才应具备扎实的基础理论知识和较高的人文社会科学素养，具有海洋意识、国际视野、创新精神和社会责任感，具有较强的实践能力、沟通能力和安全环保意识，能在轮机工程及相关领域从事操作与维护、生产制造、技术服务、运营管理以及科技开发等工作的高素质工程技术人才或管理人才。能胜任远洋船舶尤其是新型、大型或特殊用途船舶的管理级轮机员职位，并有能力晋升到轮机长职位；能胜任船舶动力设备及系统的维护、管理、检验或技术服务等工作，并有能力成长为技术专家。

第三节　轮机工程专业课程思政教学的方法

一、课程思政元素在课程教学大纲中的体现

课程教学大纲作为教学活动的重要指导性文件，不仅要明确专业知识的传授，更要注重思政育人元素的融入。思政育人要求需要在课程大纲中得到深刻体现，这不仅是对教学目标的升华，更是对教学内容和方法的全面革新。为实现这一目标，每门课程的教学团队应紧紧围绕立德树人根本任务、"三全育人"教育理念和轮机工程教育认证体系，逐步建立并完善课程思政元素与课程设计深度融合的机制，结

合轮机工程专业课程特色，从课程目标、教学内容、教学方式方法、课程作业和课程考核评价等各个环节对课程教学大纲进行全面修订，实现思政育人理念贯穿课程设计的全过程。

其中，设定课程目标时，应结合课程特点有针对性地设置思政育人目标；教学内容中，深入挖掘思政元素、丰富课程的思政内涵，将思政元素逐步融入课程的每一章节、每一个知识点上；教学方式上，结合思政育人素材的类型创新教学方式方法，构建理论与实践相结合、启发与渗透相结合、线上与线下相结合等多维度课程思政教学体系；作业要求上，合理设计能够引导学生充分思考、体现思政元素、达到思政目标的作业，增加研讨互动类、汇报展示类的作业形式；考核方式上，从教师和学生两个层面建立多维度考核评价方法，将教学目标、教学内容、教学活动纳入教师思政效果考核评价体系。

二、课程思政元素在课程教学中的表现方式

专业课教师应该在传授知识的同时积极改进教学方法，除课堂讲授外，还可以采用案例教学法、情景教学法、专题研讨法、翻转课堂法和项目驱动法等混合式教学方法，潜移默化地实现对大学生的价值引领和精神塑造。在课程思政建设过程中要注重创新，利用现代信息技术和多种结合方式，如实现四个课堂（理论课堂、实验课堂、实践课堂和竞赛课堂）相结合、课上互动与课下答疑相结合等方式，组织和引导学生积极参与和体验，不断提升课堂质量。通过这些教学方法的运用，可以使课程思政更加有效地发挥作用，使学生在情感、认知、行为等多个方面得到全面提升。

（一）混合式教学模式

混合式教学强调以学生学习为中心，运用信息化手段，使线上和线下学习有效融合。以轮机工程专业的"船舶动力装置技术管理"专业核心课程为例，构建基于"慕课+雨课堂+课堂教学+现场实践"四位一体的混合式教学模式（如图2-2所示），采用翻转课堂、现场教学等教学模式，通过混合式教学和课程思政有机融合，使学生将专业内容与国家战略、行业发展、中华优秀传统文化等育人理念相结合，在进行知识传授、能力培养的同时，一定程度上完成价值塑造目标。

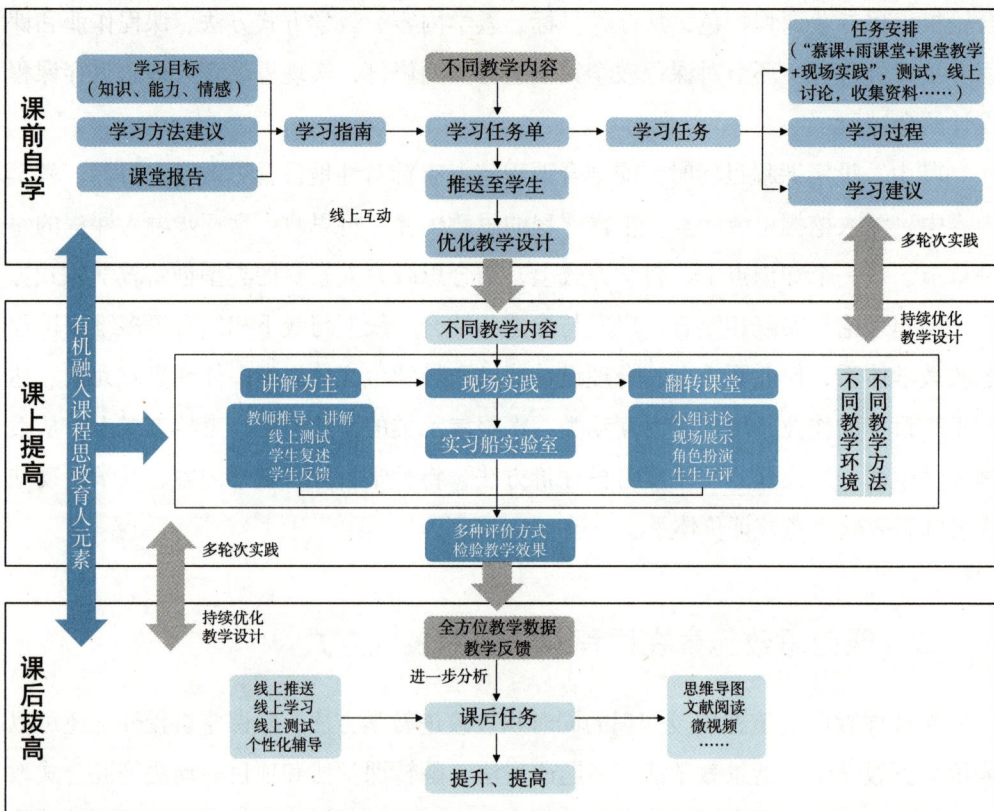

图2-2 四位一体的混合式教学模式

（二）课程思政导向下的教学方法

课堂讲授法。强调专业知识的传授，结合多媒体工具，以图表、图片和视频等形式直观展示轮机工程的专业知识，使学习更具实效性。教师应保持课堂的亲和力，与学生实时互动，避免单向灌输，同时融入价值观教育。

案例教学法。通过真实案例的分析，培养学生运用专业知识解决实际问题的能力，并引导他们关注时事政治和社会热点。案例的选取需结合国家大政方针，教师应提升理论素养，确保案例与课程思政紧密结合。

情景教学法。利用轮机模拟器或模拟实际案例场景，让学生在模拟环境中体验实际工作，培养职业道德和问题解决能力。

专题研讨法。鼓励学生选择感兴趣的课题进行研究和探讨，如船舶节能技术、环保技术等。这种方式不仅促进学生自学，还自然融入思政元素。

翻转课堂法。重新分配课堂时间，让学生主导学习。学生在课前自主学习，课堂上则进行项目式学习和讨论。这种方法不仅能帮助学生加深理解，还可以通过思政实例夯实专业知识，活跃课堂气氛。

项目引导法。通过设计与船舶机电相关的实践项目，让学生在实践中学习，提升综合能力和创新能力。这种方法不仅强化知识体系，还通过解决实际问题增强思政教育的实效性。

三、课程思政元素在课程教学中的总体设计

融入思政元素的课程教学，应始终贯彻"学生中心、成果导向和持续改进"的教育教学模式，以构建科学合理的课程思政教学体系，不断提升学生的课程学习体验和学习效果，避免出现"贴标签"和"两张皮"的现象。同时，要秉承"课程承载思政"和"思政寓于课程"的理念，将思政教育理论方法、思想理念和精神追求等元素与轮机工程专业课程的专业思维、意识和价值理念相融合，以达成各类专业课程与思想政治课程同向同行的协同效应。具体设计流程如图2-3所示。

（一）教学准备

一是根据轮机工程专业工程教育认证体系的毕业要求制订轮机工程专业人才培养计划，结合毕业要求融入课程思政教学理念。

二是依据培养计划编制各专业基础课、专业课、实验实践课的课程教学大纲，并将课程思政理念有机融入各门课程的教学大纲。

（二）教学过程

根据课程教学大纲中的课程目标、毕业要求和教学内容等，细化教学知识点，合理设计课程教案，并将课程思政元素有机融入课程教案的教学目标和教学内容中。

在教学过程中选择合适的教学方法，以润物无声的方式将思政教育与专业课程知识点有机融合。

（三）教学成果

在教学评价环节，根据课程思政育人成效形成过程性评价结果，并依据评价结果持续改进整个课程教学环节。

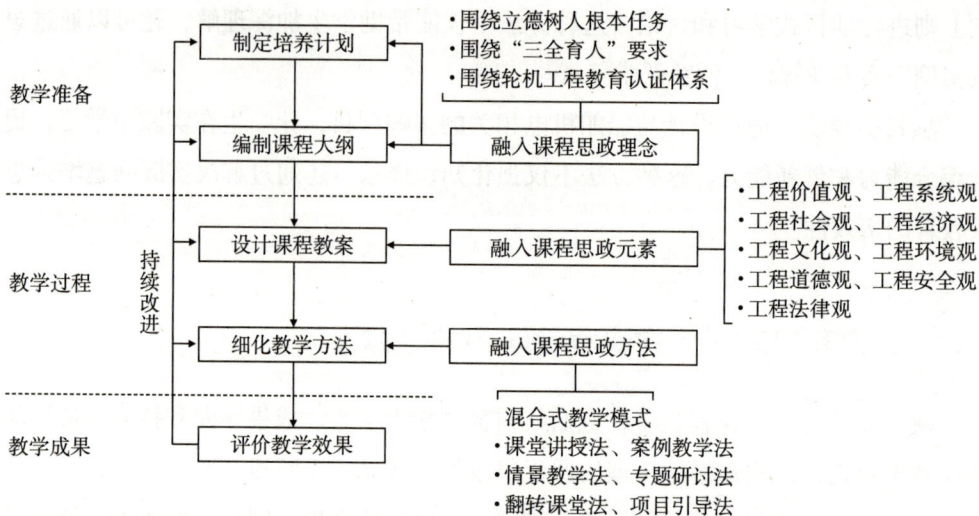

图2-3　课程思政教学在课程教学中的总体设计

第四节　轮机工程专业课程思政教学的评价

教学评价是任何学科、专业教学体系的有机组成部分，发挥着控制教学质量和评估教学效果、监督教学过程和推进教学改革的重要作用。教学评价的工作应紧扣本科教育教学改革主线，强化学生中心、产出导向、持续改进，实现高质量内涵式发展。轮机工程专业课程思政教学评价，应从学生体验性评价、教师素养评价、教师教学过程评价三个方面，架构轮机工程专业课程思政的教学评价体系，供广大本专业教师和教学主管部门参考使用，如图2-4所示。

```
                        ┌──────────────┐
                        │ 课程思政指标体系 │
                        └──────────────┘
        ┌───────────────────┼───────────────────────────┐
  ┌───────────┐      ┌─────────────┐              ┌────────────┐
  │ 教师素养评价 │      │ 教师教学过程评价 │              │ 学生体验性评价 │
  └───────────┘      └─────────────┘              └────────────┘
   ┌──┬──┬──┐     ┌──┬──┬──┬──┬──┐              ┌──┬──┬──┐
 思政 思政 思政   教学 教学 教学 思政 教学          知识 能力 情感
 意识 素养 能力   目标 内容 方法 教育 效果          目标 目标 目标
```

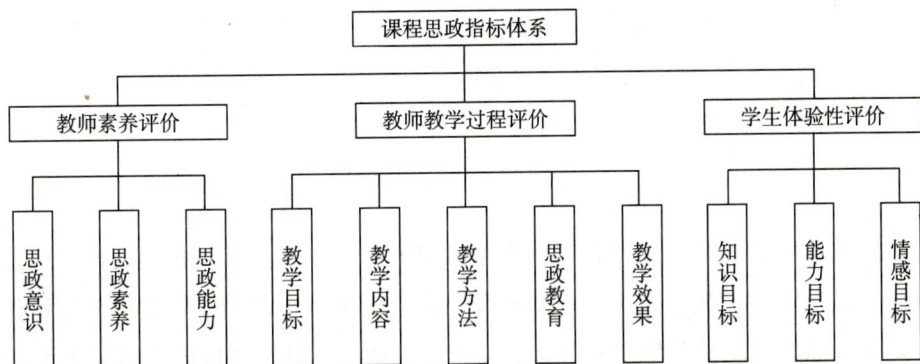

图2-4　课程思政教学评价体系

一、考核学生课程思政学习的方式和方法

针对学生课程思政学习的考核方式和方法，可以分为学生体验性评价和教师教学评价两个方面。

（一）学生体验性评价

学生体验性评价应注重考核方式的多样性，可采用谈话法、观察法、问卷调查法、评价量表法、综合评价法、增值性评价法等多种手段，将考核融入课堂交流、课程作业、课程设计、课程实验、课程考核等不同的教学环节中。

（二）教师教学评价

教师教学评价是学生对教师教学行为有效性进行评估的有效方式，应在现有学生评教系统的评价指标中，融入能直观体现学生发展评价中能力目标和情感目标的评价指标。如任课教师的治学态度、教学方式方法对学生能力和价值观导向是否有积极的作用、课程是否聚焦本学科的研究热点问题、课程是否具有创新性等能够体现思政育人的评价指标。

每门课程考核须包含课程思政的内容，可以根据任课教师所设计课程思政内容、形式等的具体情况，选择包括但不限于试卷、报告（含实验报告）、课堂讨论/问答、作业等一种或多种考核形式体现。课程思政的考核需要有记录，并形成根据考核结果持续改进课程思政教学的闭环机制。这里建议并提倡任课教师灵活、恰当地采用教学互动反馈机制，设计完成课程思政教学及考核。

二、考核教师课程思政教学的方式和方法

（一）教学过程评价

　　教学过程的顺利开展是课程思政教学效果的保障，对教学过程的评价应包含教学目标、教学内容、教学方法、思政教育、教学效果五个方面，教学过程的评价应由学院指派的教学质量督导专家听课后给出评价结果。具体评价标准细则如表2-3所示（评价表细则和评分标准仅供参考）。

表2-3　课程思政育人教学过程评价体系表

一级指标	二级指标	评 价 标 准 细 则	评价结果	
			满分	得分
教学目标（20分）	目标要求（10分）	教学目的符合教育目标和教学大纲要求	3.0	
		目的明确、具体，符合学生发展需要	4.0	
		注意面向全体，兼顾个别差异	3.0	
	目标内容（10分）	有知识、技能和教育因素	3.0	
		围绕教学目的组织教学	3.0	
		体现知识与能力、过程与方法、情感与价值观的培养	4.0	
教学内容（25分）	课程内容（10分）	教学内容具有科学性、思想性和时代气息	3.0	
		讲授知识准确、系统、连贯	4.0	
		重点突出，难点突破，清除疑点	3.0	
	拓展内容（15分）	理论联系实际	5.0	
		挖掘思想教育因素	5.0	
		重视基础，提升能力	5.0	
教学方法（25分）	方法选择（10分）	所用教学方法与教学内容和学生情况相吻合	2.0	
		方法适宜，并不断改进	2.0	
		激发学生的学习动机	2.0	
		启发学生思维，培养能力	4.0	
	方法实施（15分）	课堂教学有系统性、整体性、程序性	4.0	
		教学中体现教师的主导作用与学生的主体作用	4.0	
		反馈及时，调控得当，应变力强，把握课堂秩序	4.0	
		充分利用现代化教学手段和直观教具	3.0	

一级指标	二级指标	评 价 标 准 细 则	评价结果	
			满分	得分
思政教育（15分）	思政要素（9分）	思政要素丰富，覆盖面广	3.0	
		思政要素符合社会主义核心价值观和学生认知	3.0	
		思政要素与本课程关联密切	3.0	
	思政融入（6分）	思政要素的课堂融入时机、方式恰当	2.0	
		思政要素的融入充分调动了学生的学习热情	2.0	
		思政融入课堂占比适合	2.0	
教学效果（15分）	课堂效果（6分）	学生注意力集中，积极思考	2.0	
		课堂学习气氛活泼，秩序活而不乱	2.0	
		时间分配合理，按时完成教学任务	2.0	
	课程效果（9分）	圆满完成本课时教学计划，达到教学目的要求	3.0	
		学生的专业技能，分析、解决问题的能力明显提高	3.0	
		学生的兴趣、情感态度与价值观等思政因素得到培养	3.0	

结论评价	各指标分	教学目标	教学内容	教学方法	思政教育	教学效果	总分100
	评语						

（二）教师素养评价

教师素养决定教学质量的高低。教师素养评价应包括思政意识、思政素养和思政能力三个评价指标。思政意识是指教师有意识地在专业课程中开展育人工作。育人是教育的本质，思政意识是教育本质的体现，对课程思政的落实有着极大的能动性。专业课教师具有思政意识，才能积极主动地把课程思政目标落到实处。思政素养是指教师在政治信仰、思想素养和思想政治教育学科知识素养等方面的修养，这是专业课教师抓好课程思政的前提和基础。思政能力是指对思想政治教育体系系统运用的能力，对思想政治教育规律、内在逻辑和话语体系的掌握能力。只有坚持正确的政治方向，站稳政治立场，坚定理想信念，掌握思想政治教育的内容体系和教学理论，才能更好地实现课程思政育人目标。

三、课程思政教学的评价方式和方法

（一）课程思政教学的评价方法

每个学年结束后，学院/系组织专家组对专业本学年管理文件、各门课程的教学流程、教学文件、教学记录（含课程试卷、报告、平时成绩记录等）进行抽查，依据观测点进行评估，形成评估报告。

（二）课程思政教学评价的实施

从如下方面开展轮机工程专业课程思政教学评价。

顶层设计。专家组应重点检查轮机工程专业的培养计划、教学大纲中是否明确体现了融合专业课程思政的课程目标，并评估这些目标的设置是否合理、是否能有效引导学生的学习和发展。

教师考核。学院／系是否制定了针对专业任课教师的课程思政教学考核办法，并切实执行。同时，专家组还应关注考核办法的实施效果，是否真正提升了教师的课程思政教学能力。

机制建设。学院／系是否建立了课程思政与课程教学有机融合、思政内容与时俱进、课程思政教学效果持续改进的机制，并评估这一机制是否有效运行，能否确保课程思政教学的持续发展和提升。

教师发展。学院／系是否建立了专业授课教师交流、研讨、培训机制，以确保专任教师课程思政设计、教学能力稳步提升。同时，专家组还应关注这一机制的实施效果，是否真正促进了教师的发展。

通过对以上四个观测点的综合评估，专家组将形成对轮机工程专业课程思政教学的全面评价报告，为学院/系的教学改革提供有力支持。

第五节　教师开展课程思政教学能力要求与提升

一、教师开展课程思政应具备的条件

（一）专业课教师应具备课程思政建设的主体意识

专业课教师不仅是知识的传授者，更是学生思想品德的引导者。如何根据学生的思想状况，更好地落实立德树人的根本任务，是每个教师培养高质量人才的责任和使命。只有不断强化专业课教师立德树人的主体意识，使每位教师领悟课程思政建设的深刻内涵和时代价值，才能帮助大学生形成崇高的理想信念、正确的价值观、坚毅的品质、扎实的学识。

（二）专业课教师应强化教书和育人相统一的主动意识

教书为了育人，教书的最终目的是实现育人。育人讲求德、智、体、美、劳并重，育人能促进教书。教师在开展教育教学工作的时候，既是在教书也是在育人，这就要求教师要更加强化育人的主动意识，准确把握教书与育人、知识传授与价值引领之间的关系，更好地帮助学生实现全面和谐的发展。

（三）专业课教师应具备贯彻党的教育方针的政治意识

新时代贯彻党的教育方针，要坚持马克思主义指导地位，学习贯彻习近平新时代中国特色社会主义思想，坚持社会主义办学方向，落实立德树人的根本任务，坚持教育为人民服务、为中国共产党治国理政服务、为巩固和完善中国特色社会主义制度服务、为改革开放和社会主义现代化建设服务，扎根中国大地办教育，同生产劳动和社会实践相结合，加快推进教育现代化、建设教育强国、办好人民满意的教育，努力培养担当民族复兴大任的时代新人，培养德智体美劳全面发展的社会主义建设者和接班人。这要求每位教师必须从实现中华民族伟大复兴出发，提高政治站位，坚决贯彻落实新时代党的教育方针，努力培养党和人民需要的社会主义建设者和接班人。

（四）专业课教师应具备良好的思想政治素养

思想政治素养高的专业教师，能增强课程思政教学的自觉性、敏锐性，主动挖掘课程中蕴含的思政教育元素，主动开展课程思政教学设计和实践。因此专业课教师应具备良好的思想政治素养是课程思政建设的关键环节，以其理想信念、道德情操、有扎实学识、有仁爱之心，来促进课程思政建设的有效推进。

二、教师课程思政教学能力培训

（一）开展专业课教师课程思政教学理念培训

通过邀请行业专家为专业课教师开展课程思政教育教学理念的培训，强化教师对课程思政教学理念的认可与接纳。

（二）开展专业课教师课程思政教学能力提升培训

以教师培训需求为导向，形成"分散与集中培训相结合、理论与实践培训相结合、线上与线下培训相结合"的培训形式，提升专业课教师课程思政教学能力。

（三）搭建专业课教师课程思政教学互动平台

要想提高专业课教师的课程思政教学能力，必须充分调动专业课教师的积极性和主动性。教学互助平台可以借助教师群体的智力与活力，打破专业课程的界限，实现教师间的互通互助，促进教师间课程思政教学改革的传、帮、带。

（四）鼓励专业课教师参与课程思政教学改革实践活动

通过鼓励并支持教师参与课程思政教学改革项目，引导教师积极开展课程思政教学改革实践行动，让教师在实践活动中切身感受到课程思政教学魅力，领悟课程思政教学真谛。

三、课程思政的制度和机制建设

（一）课程思政教学管理机制

课程思政教学应建立校级与院（系）级协同管理机制。校级层面负责统筹把控，从整体、宏观的角度制定课程思政学习的方案和目标；院级层面则根据专业特色制定具体的、符合专业特色的课程思政的学习方案，明确具体学习目标。教学管理应涵盖导师队伍、教材和课程质量等方面，确保思政教育与专业课程的深度融合。

（二）课程思政教学管理制度及保障机制

构建课程思政保障机制应从三个层面出发。

1.学校层面

学校应明确课程思政培养的主导方案和教学大纲的内容要求及形式。以立德树人为根本任务，强调"育德"目标。同时，提供全面、稳定的经费支持，确保课程思政建设的系统性发展。

2.学院层面

学院需建立与专业认证相结合的保障机制、评价机制及反馈改进机制，提升学生思想政治素养。同时，发挥学生工作的辅助作用，形成自主学习、讨论和监督的模式。在教师工作方面，修订、新建管理制度，确保教师遴选、师德师风评价等工作的规范开展。

3.基层教学组织层面

基层教学组织包括系、教研室、教学/实验中心等。在各基层教学组织的课程思政操作方案中，基层教学组织中的党支部应起到重要作用。对保障机制的落实情况，各支部党员应配合各支部的纪检委员进行监督和反馈，学科带头人、教研室主任等应明确领导责任，确保机制的有效落实。

第三章　船舶电子电气工程专业课程思政教学工作指引

第一节　绪论

一、船舶电子电气工程专业课程思政的现实性

　　教育的育人功能一直是教育界追求的目标之一，以习近平同志为核心的党中央高度重视培养德、智、体、美、劳全面发展的社会主义建设者和接班人，要求高校坚持把立德树人作为根本任务。结合工程教育的课程思政，可有效实现知识传授、价值塑造和能力培养的多元统一。

　　交通运输行业，特别是船舶电子电气工程专业，在人才培养过程中，在培养目标、课程体系、课程内容设计、教学方式方法等方面须与国家发展战略、交通运输行业发展需求密切结合，从社会人文、政策法规、发展理念、管理思维、责任担当、创新实践等方面，在"社会—时间—空间"三个维度上将思政元素融入专业知识的传授中，培养和引领交通学子继承并发扬中华民族伟大的民族精神，增强学生的"交通强国、教育报国"情怀和社会责任感，在创新能力、实践能力以及终身学

习能力培过程中与课程思政有机结合，使学生树立正确的世界观、人生观和价值观。

二、船舶电子电气工程专业课程思政教学的目标和原则

（一）课程思政教学目标

围绕全面落实立德树人根本任务，坚持社会主义核心价值观，通过科学挖掘本专业各门课程蕴含的课程思政教学元素，在专业建设、课程建设、课堂建设、教师教学能力培养、评价激励机制建设过程中，逐步形成专业课程思政教学体系，帮助专任教师守好一段渠、种好责任田，做到课程思政为国育才，知行合一、如盐化水、润物无声，思政过程有效无痕，将显性教育和隐性教育相统一，形成协同效应。结合海洋船舶运输特色鲜明的船舶电子电气工程专业的特点，精准凝练本专业基础课、专业核心课、实践课等不同类型课程的课程思政教学重点和教学方法，实现知识传授、价值塑造和能力培养有机融合，制定如下课程思政教学目标。

培养适应现代先进船舶自动化、智能化和信息化的要求，具备社会主义核心价值观，具有深厚的自然科学理论基础、扎实专业知识，以及具备一定的工程素质和实践技能，满足国际海事组织中1978年海员培训、发证和值班标准国际公约规定的"电气、电子和控制工程""维护和修理"和"船舶操作控制和船上人员管理"等职能要求，既能够胜任现代船舶电子电气装置的管理、维护和修理任务，又能够从事船舶电子电气工程领域的产品研发、工程设计、监造、技术支持等工作的宽口径、复合型船舶工程技术人才。

（二）课程思政教学的基本原则

坚持专业层面的顶层设计，遵循工程教育、思想政治工作规律和学生成长规律，明确专业课程育人目标，优化教学方案，健全评价体系；坚持专业特色，尊重专业各课程的专业教学体系和完整的知识体系；坚持以目标导向、学生中心和持续改进的核心理念，改革创新，做到课程思政为国育才，知行合一、如盐化水，让学生感受到课程思政教学过程润物无声、有效无痕，使学生在学习全过程中实现知识能力与自身价值观塑造的双丰收。在此过程中，应遵循四个原则。

1.知识传授与世界观、人生观及价值观塑造的统一

遵循教书与育人的内在规律，在知识传授过程中紧密联系时政，讲学生喜闻乐

见的故事，特别注重故事背后的故事，使学生在潜移默化中树立正确的世界观、人生观和价值观。

2.工程实践技能培养与工程意识素养教育的统一

在工程实践技能培养过程中，根据实际情况，有意识地将国家、社会、经济、法律、安全、环境、生态、规范等素养教育有机地融入教学过程的各个环节。

3.学生工程能力有效达成与"三全育人"目标的统一

通过每一门课程教学过程中课程目标，特别是课程思政课程目标的合理设置，让学生逐步具备解决复杂工程问题所必需的科学性、严谨性、真实性、规范性的意识，在此过程中，逐步养成良好的职业道德、团队沟通协作意识、敬业精神和人文素养，建立环境保护、社会责任担当意识和发展理念，具有终身学习的能力，使得专业培养目标、毕业要求的有效达成与"三全育人"有效统一。

4.专业课程思政教师言传与身教的统一

作为课程思政实施的主体，专业教师应具有高尚的理想信念、正确的道德情操、扎实的学术能力和爱生如子的仁爱之心，在实施课程思政教学过程中必须言行一致，使学生信服。

第二节　船舶电子电气工程专业课程思政的内涵、思政元素及其与课程目标的融合

一、课程思政的内涵

课程思政的实质是一种课程教学观，是把思政教育融入课程，将知识传授和价值引导相统一的过程，需要根据课程的教学内容和教学特点，挖掘其蕴含的思政元素，确保学生在"认知、情感、行为"等方面保持正确的方向。专业课程思政从理想信念、爱国主义、品德修养、知识见识、严谨治学、奋斗精神以及综合素质方面对学生的塑造，支撑船舶电子电气工程职业规范、社会责任、价值引领、团队沟

通、国际视野、可持续发展与终身学习等内涵，促使学生德、智、体、美、劳全面发展。

船舶电子电气工程专业课程思政是在专业基础课、专业核心课、实践课程教学过程中，根据教授课程具体内容不同，设计合理的理论实践知识与课程思政元素有机融合的方法，改革创新适合每门课程自身特点的教学方法和教学手段，将课程思政内容深度、有机地融合到课程内容中，任课教师在知识传授过程中体现思政，学生在思政过程中更有效地获得知识。

二、课程的思政元素

船舶电子电气工程专业课程思政元素的内容和来源，航海史、航运史、船舶电子电气工程设备和技术的发展史，以及所教授课程的历史、现状和新发展动向中去重点挖掘，涉及正确的世界观、人生观、价值观树立，价值引领与政策法规科普，人文品格素养与发展理念培养，工程伦理与工程、职业规范认知，管理思维与科学、创新实践精神塑造，社会责任担当、国际视野建立与终身学习能力形成等方面，包括但不限于以下内容。

工程价值观。在解决船舶电子电气工程领域复杂工程问题时，体现社会主义核心价值观（富强、民主、文明、和谐；自由、平等、公正、法治；爱国、敬业、诚信、友善），重点突出政治认同、家国情怀、集体主义等世界观、人生观和价值观的树立。

工程系统观。在解决船舶电子电气工程领域复杂工程问题时，合理运用系统工程的思想和方法，引导学生独立思考和运用，重点突出管理思维与科学、创新实践精神塑造，社会责任担当、国际视野建立与终身学习能力形成。

工程社会观。在解决船舶电子电气工程领域复杂工程问题时，对社会生产和生活方面的思考和体现，重点突出人文品格素养与发展理念培养，工程伦理与工程、职业规范认知。

工程经济观。在解决船舶电子电气工程领域复杂工程问题时，对国民经济、效益成本等方面的思考和体现，重点突出工程伦理与工程、职业规范认知和管理思维塑造。

工程文化观。在解决船舶电子电气工程领域复杂工程问题时，在全球视野下的文化、习俗和习惯等问题的思考和体现，重点突出价值引领与政策法规科普。

工程安全观。在解决船舶电子电气工程领域复杂工程问题时，对工程项目对国家、经济、社会、居民、环境等的安全影响的思考和体现，重点体现工程伦理与工程、职业规范认知。

工程环境观。在解决船舶电子电气工程领域复杂工程问题时，对自然、环境、生态等可持续发展的思考和体现，重点突出工程伦理与工程、职业规范认知和发展理念培养。

工程道德观。在解决船舶电子电气工程领域复杂工程问题时，对道德、伦理等的思考和体现，重点突出人文品格素养培养和工程伦理与工程、职业规范认知。

工程法律观。在解决船舶电子电气工程领域复杂工程问题时，对法律法规、标准规范等的思考和体现，重点突出工程伦理与工程、职业规范认知。

三、课程思政与课程教学目标的融合

依据工程教育的核心理念，课程思政与课程教学目标是融合的、一致的，而不是矛盾的、对立的，在课程追求理论、技术知识和能力的同时，也要达到非技术性的要求。专业课程思政融合，不同性质的课程需突出重点，思政元素不求全覆盖，避免"生拉硬套"。

导论类课程，教学目标是专业发展历程、内涵特点、体系架构、专业与社会经济的关系等内容，具有一定的引导性、概括性和前沿性等特点。在制定课程教学目标和指导学生完成课程报告的过程中，可涵盖的课程思政元素有很多，如工程价值观、工程系统观、工程社会观等。

理论类课程，教学目标是专业的理论、方法、技术等，培养学生系统思考、分析、研究的能力，在制定课程教学目标和课程考核标准过程中，课程思政元素需要结合课程具体内容，如工程系统观、工程经济观、工程安全观等。

实践类课程，教学目标是培养学生实践能力、操作技能，理论方法在工程实践中的应用能力，在制定课程教学目标和学生实践活动行为规范以及课程考核标准过程中，所体现的课程思政元素可以包含工程系统观、工程社会观、工程文化观、工程道德观、工程法律观等。

采用线上、线下课程思政资源等多种形式相结合的方式实施课程教学活动。

具体课程思政与课程目标融合实施方案，如表3-1所示。

表3-1 船舶电子电气工程专业课程思政与课程目标融合实施方案

课程性质	课程名称	思政任务
专业基础课程	电路原理	工程价值观 工程文化观
	模拟电子技术基础	工程价值观 工程系统观 工程文化观
	数字电子技术基础	工程价值观 工程系统观 工程文化观
	自动控制原理	工程价值观 工程系统观 工程文化观 工程道德观 工程法律观
	嵌入式系统技术基础	工程价值观 工程系统观 工程经济观 工程环境观 工程道德观 工程法律观
	电力电子学	工程价值观 工程系统观 工程社会观 工程经济观 工程安全观 工程环境观 工程道德观 工程法律观
	电机学	工程价值观 工程系统观 工程社会观 工程经济观 工程环境观 工程法律观
	船舶电子电气技术基础	工程价值观 工程系统观 工程环境观 工程法律观

续表

课程性质	课程名称	思政任务
专业核心课程	船舶电力拖动系统	工程价值观 工程系统观 工程社会观 工程经济观 工程文化观 工程安全观 工程环境观 工程道德观 工程法律观
	船舶电站	工程价值观 工程系统观 工程社会观 工程经济观 工程文化观 工程安全观 工程环境观 工程道德观 工程法律观
	交流变频调速	工程价值观 工程系统观 工程社会观 工程经济观 工程安全观 工程环境观 工程道德观 工程法律观
	可编程序控制器及其通信网络	工程价值观 工程系统观 工程社会观 工程经济观 工程文化观 工程安全观 工程环境观 工程道德观 工程法律观
	船舶局域网技术及应用	工程价值观

续表

课程性质	课程名称	思政任务
专业核心课程	船舶局域网技术及应用	工程系统观 工程社会观 工程经济观 工程文化观 工程安全观 工程环境观 工程道德观 工程法律观
	船舶概论	工程价值观 工程系统观 工程社会观 工程经济观 工程文化观 工程安全观 工程环境观 工程道德观 工程法律观
	船舶管理	工程价值观 工程系统观 工程社会观 工程经济观 工程文化观 工程安全观 工程环境观 工程道德观 工程法律观
	船舶电气系统设计	工程价值观 工程系统观 工程社会观 工程经济观 工程文化观 工程安全观 工程环境观 工程道德观 工程法律观
	船舶电子电气专业英语	工程价值观 工程系统观 工程社会观 工程经济观 工程文化观

续表

课程性质	课程名称	思政任务
专业核心课程	船舶电子电气专业英语	工程安全观 工程环境观 工程道德观 工程法律观
	船舶机舱监测与报警系统	工程价值观 工程系统观 工程社会观 工程经济观 工程文化观 工程安全观 工程环境观 工程道德观 工程法律观
	船舶综合驾驶台系统	工程价值观 工程系统观 工程社会观 工程经济观 工程文化观 工程安全观 工程环境观 工程道德观 工程法律观
	船舶辅助控制装置	工程价值观 工程系统观 工程社会观 工程经济观 工程文化观 工程安全观 工程环境观 工程道德观 工程法律观
	船舶主机监测与控制系统	工程价值观 工程系统观 工程社会观 工程经济观 工程文化观 工程安全观 工程环境观 工程道德观 工程法律观

续表

课程性质	课程名称	思政任务
专业核心课程	智能船舶基础	工程价值观 工程系统观 工程社会观 工程经济观 工程文化观 工程安全观 工程环境观 工程道德观 工程法律观
	电子电气专业英语听力与会话	工程价值观 工程社会观 工程文化观 工程安全观 工程环境观 工程道德观 工程法律观
专业实践课程	船舶认识实习 金工实习	工程价值观 工程社会观 工程经济观 工程文化观 工程安全观 工程环境观 工程道德观 工程法律观
	毕业实习及毕业论文	工程价值观 工程系统观 工程社会观 工程经济观 工程文化观 工程安全观 工程环境观 工程道德观 工程法律观
	船舶电子电气工艺	工程价值观 工程系统观 工程社会观 工程经济观 工程文化观 工程安全观 工程环境观

课程性质	课程名称	思政任务
专业实践课程	船舶电子电气工艺	工程道德观 工程法律观
	船舶电气设备维护及检测	工程价值观 工程系统观 工程社会观 工程经济观 工程文化观 工程安全观 工程环境观 工程道德观 工程法律观

第三节　船舶电子电气工程专业课程思政教学的方法

一、课程思政元素在课程大纲中的体现

课程思政要求应在课程大纲中体现，教学大纲应设定课程思政课程目标，并能够体现课程思政的内容贯穿课程的始终。

每门课程的课程负责人，应逐步建立并完善课程思政元素融入课程教学过程中的方式、方法及课程考核等教学各个环节的机制，设计具有可操作性的思政元素在教学过程各个环节中得以体现的规划，并将思政元素逐步融入课程每一章节、每一个知识点，能在教案或者教学日历设计中得到体现。

在课程达成情况评价中，参考表3-2的支撑关系，体现出课程思政教学对课程目标以及工程教育认证毕业要求通用标准支撑所达成的效果。

课程思政元素、素材以及案例等需要与时俱进，定期更新、评审。

表3-2　课程思政内容支撑毕业要求对应表

毕业要求	思政元素
设计 / 开发	工程系统观
研究	工程系统观
工程与社会	工程社会观 工程文化观 工程法律观
环境和可持续发展	工程环境观 工程法律观
职业规范	工程安全观 工程道德观 工程法律观
个人与团队	工程价值观 工程道德观
沟通	工程文化观
项目管理	工程经济观
终身学习	工程价值观 工程系统观

二、课程思政元素在课程教学中的表现方式

关于课程思政元素在教学授课中的表现方式，对于理论课程建议从所授课程的知识图谱知识点中发掘思政元素，通过回顾、解读和诠释、前瞻的手段，列举古往今来的历史故事；列举科学研究成功或失败的案例，特别是任课教师本人的案例；列举当前社会热点问题进行辨识分析，特别是对"流言"和"反面教材"的剖析，引导学生理解国家政策、法规以及战略着眼点，树立正确的世界观、人生观和价值观，做到教师引导，学生参与。对于实验、实践课程，应在每个实验实践环节中，从对生命的敬畏、制度与规范的遵守、团队的协作等方面，培养学生在实践过程中严谨与客观的科学态度以及思辨、创新与探索等能力；同时，建议采用各种信息技术手段，以线上线下混合、多种教学资源相结合等多种教学形式开展课程思政教学活动。具体来说，本专业课程思政元素在教学中的表现方式，如表3-3所示。

表3-3　课程思政元素在教学中的表现形式

课程思政元素	表现形式
工程价值观	逐步积累、更新，体现社会主义核心价值观的思政案例，案例来源包括但不限于古往今来的历史讲故事，教师自身以及有代表性的科研成功与失败的实际案例、社会热点问题的案例等，以课堂讲解、播放线上收集的相关资源、利用雨课堂发起投票/问卷等形式表现
工程系统观	在理论课课堂上，合理运用系统工程的思想和方法，让学生自主收集文献资料，采用反转课堂、课堂答辩、小组讨论以及课堂提问等形式表现； 在实验实践课程上，突出实验/实践内容的自主设计、结果的自主分析，锻炼学生严谨务实的研究作风和思辨能力
工程社会观	在理论课课堂上，通过收集实际生产实践和生活中耳闻目见的相关案例，引导学生在人文素养、发展理念、工程伦理与工程规范等方面深入思考；可采用课堂答辩、小组讨论以及提问等形式表现； 在实验实践课程上，突出实验/实践过程中职业规范的认知
工程经济观	以实际的相关实例，引导学生在设计类作业、报告、论文等学习活动过程中合理运用管理思维，考虑工程设计过程中需关注工程伦理、工程规范以及发展理念，提高效益成本意识
工程文化观	在理论课堂及设计类作业、报告、论文等学习活动过程中以实际的相关实例，引导学生在建立起国际视野，能够自主搜集、总结不同文化环境下解决工程问题的思维方式以及相关法律法规及公约，为未来与不同文化背景下的人员沟通奠定基础
工程安全观	在理论课堂和实验实践课堂上，从人身安全和设备安全等角度规范学生实践活动的行为，使学生能够获得工程伦理与工程、职业规范认知
工程环境观	在理论课课堂上，以课堂提问、分组讨论、答辩以及课后撰写课程报告等形式，通过搜集实际生产实践和生活的相关案例，引导学生以发展理念考虑问题，注重自然、环境、生态的保护与可持续发展相统一的理念； 在实验实践课程上，通过引导、规范学生注重环境卫生，能够主动在实验实践课后打扫卫生等形式体现。
工程道德观	在理论课堂和实验实践课堂上，通过搜集实际生产实践和生活的相关案例，引导学生对工程伦理与工程、职业规范正确认知，树立起正确的工程道德观
工程法律观	在理论课堂和实验实践课堂上，强化法律法规意识，在课堂提问、分组讨论、答辩以及课后课程报告撰写过程中，引导学生有意识地体现其对法律法规的理解，树立起正确的工程法律观。

三、课程思政元素在课程教学中的总体设计

由教研室牵头，定期做专业任课教师的研讨、培训工作，利用集体的智慧逐步完成思政元素素材库以及优秀案例库建设。制定有效的激励机制，鼓励教师在结合

课程具体内容的前提下，从课程的每一章设计至少每一例课程思政案例做起，逐步发展到每次课、每一个知识点都有课程思政元素、案例的设计。

课程思政的教学，遵循目标指引（确立课程目标）、问题导向（顶层设计课程内容）、以人为本（知识价值融会贯通）、融合创新（内容方式相得益彰）的思路开展，从树立正确的世界观和方法论出发，构建知识图谱，展现科学研究中的人性光辉，并充分借助新方法、新技术、新媒体等在课程思政教学过程中，使得教师也在科学思维（研究）、系统思维（积累）、创新思维（学习）以及实践思维（沟通）中体验到自我提升。

第四节　船舶电子电气工程专业课程思政教学的评价

一、学生课程思政学习的考核方式和方法

每门课程考核须包含课程思政的内容，可以根据任课教师所设计课程思政内容、形式等的具体情况，选择包括但不限于试卷、报告（含实验报告）、课堂讨论/问答、作业等一种或多种考核形式体现。课程思政的考核需要有记录，并形成根据考核结果持续改进课程思政教学的闭环机制。

专业要求，凡是有课程思政目标的，应在考核过程中体现出至少一道题目，可以是试卷、作业、教学互动反馈，等等。这里建议并提倡任课教师灵活、恰当地采用教学互动反馈机制与工程教育课程目标达成情况评价机制融合设计，完成课程思政教学及考核，如表3-4所示。

表3-4　课程思政考核融合课程目标达成情况评价中非技术要求的侧重点

课程思政考核方式	课程思政元素	工程教育认证要求	实现形式
课堂小测验/投票	工程社会观 工程文化观 工程安全观 工程环境观 工程道德观 工程法律观	工程与社会 环境和可持续发展 职业规范	在课堂授课过程中,在完成一个融合课程思政内容的知识点讲授后,通过雨课堂等形式,发布针对课程思政内容的小测验或者投票,其存档和结果可以作为课程思政考核成绩的原始数据依据
课堂讨论	工程价值观 工程文化观 工程安全观 工程道德观 工程法律观	职业规范 个人与团队 沟通	可以通过课堂分组讨论的形式,以每个组随机选取的学生代表其所在组发言,其表现作为其所在组所有成员的表现成绩
实验/实践	工程价值观 工程系统观 工程社会观 工程经济观 工程文化观 工程安全观 工程环境观 工程道德观 工程法律观	工程与社会 环境和可持续发展 职业规范 个人与团队 沟通 项目管理 终身学习	①可以在实验报告、实习报告中,根据实践的具体内容设置课程思政相关考核内容; ②在实验、实践和实操考核过程中,设置相关观测指标点,例如在实验、实践过程中是否遵守实验室/实习场所规章制度和工程实践职业规范,分组实验的时候是否具有个人与团队的意识,回答考核教师所提的问题是否具有良好的沟通能力、实践结束后是否能主动复原实验设备、打扫环境卫生等
学生问卷	工程价值观 工程系统观 工程社会观 工程经济观 工程文化观 工程安全观 工程环境观 工程道德观 工程法律观	工程与社会 环境和可持续发展 职业规范 个人与团队 沟通 项目管理 终身学习	可以通过课程全部结束前,利用10分钟左右的时间,通过雨课堂等网络形式,给出调查问卷、投票、题目或任课教师认为合适的方式,要求学生限时完成,其问卷/投票/题目的内容建议包括但不限于: ①对于理论课程,建议回顾课程可能讲述过的"故事背后的故事""成功或者失败的案例""流言和反面教材的辨识分析""社会热点和国家战略"等,要求学生从自身角度回答出对这些问题的想法、看法等; ②对于实践课程,建议从安全、环保、制度、标准、协作以及工程伦理的角度设置问卷、投票或题目
试卷	工程价值观 工程系统观 工程社会观 工程经济观 工程文化观 工程安全观	工程与社会 环境和可持续发展 职业规范 项目管理 终身学习	在期末试题中,可以根据实际知识考核内容,设置课程思政/工程教育认证非技术要求考核项,实现课程思政效果的量化考核

课程思政考核方式	课程思政元素	工程教育认证要求	实现形式
试卷	工程环境观 工程道德观 工程法律观	—	—
其他方式	……	……	……

二、教师课程思政教学的考核方式和方法

每个学年结束后，专业负责人组织专家组和学生指导员（辅导员）对专业本学年管理文件、各门课程的教学流程、教学文件、教学记录（含课程试卷、报告、平时成绩记录等）以及学生问卷调查结果进行抽查，依据表3-5所列的观测点进行评估，形成评估结论，并把结果反馈给任课教师，督促其改进。

表3-5　任课教师课程思政教学效果评估表

观测点		评估结论
一级指标	二级指标	
教学过程	教学日历、教学陈述（包括教学理念及策略、教学职责、教学方法及教学效果等），课程思政设计与课程工程教育教学内容融合是否可体现逐步探索完善的过程	
	典型课程材料文件（包括但不限于教学大纲、作业或设计报告及其评分标准、平时成绩记录、学生的作业或实验实践报告或论文、试卷或大作业优中差原件、课程总结表、课程修订改进情况等），是否能够体现课程思政的考核内容	
	课程思政元素、案例的设计与融入是否经过集体讨论，其内容是否与时俱进，实时更新	
教学研究与发展	发表教学改革论文情况	
	参加教学交流情况	
	出版教材情况	
	教学创新或教学改革情况（含各级教改项目）	
教学效果反馈	根据学生的调查和评教结果判断是否将课程思政的内容贯穿课程的始终，课程思政教学是否达到了预期效果	
	根据学校、学院、专业、教研室组织的教师课堂听课记录（期中教学检查教师互相听课记录、教学督导组听课反馈记录等），判断课程思政教学是否达到了预期效果	
	教学获奖情况	

续表

观测点		评估结论
一级指标	二级指标	
教学课程总结	课程在完成达成情况评价后，所作出的达成情况评价结论是否能够体现教学过程中的不足和亮点	
	上一年度教学效果反馈的结果和上一期课程总结中所归纳的课程教学过程中所体现的不足是否在本期得到合理的改善	

三、课程思政教学的评价方式和方法

（一）课程思政教学的评价方法

每个学年结束后，学院/系组织专家组对本学年管理文件、各门课程的教学流程、教学文件、教学记录（含课程试卷、报告、平时成绩记录等）进行抽查，依据观测点进行评估，形成评估报告。

（二）课程思政教学评价的实施

从以下方面对船舶电子电气工程专业实施课程思政教学评价。

是否从专业角度做好了顶层设计，即船舶电子电气工程专业培养计划、教学大纲中是否体现了融合专业课程思政的课程目标，目标设置是否合理。

是否制定了对专业任课教师的课程思政教学的考核办法并有效实施，实施的效果是否达到预期。

是否建立了课程思政与课程教学有机融合、思政内容与时俱进、课程思政教学效果持续改进的机制，该机制是否有效运行。

是否建立专业授课教师交流、研讨、培训机制，使得专任教师课程思政设计、教学能力稳步提升，该机制实施效果是否达到预期。

第五节　教师开展课程思政教学能力要求与提升

一、教师开展课程思政应具备的条件

（一）资格认定

任课教师要具有硕士研究生及以上学历，讲师及以上职称，具有班主任经历，接受过一次学校及以上单位组织的课程思政的培训。

教授职称，如果是中共党员，可以直接认定资格。

未达到上述标准的教师，须旁听具有课程思政资质的教师一轮课程，经专业负责人核准后，可以独立实施课程思政的授课与考核工作。

（二）对教师开展课程思政的要求

一是对青年学生的真切期待。

二是对专业知识的精深理解。

三是对思政原理的准确领悟。

四是对时局变化的及时把握。

五是对教学技能的熟练掌握。

六是对育人信念的忠诚坚守。

（三）教师开展课程思政应具备的能力

教师学生要亲近，教学语言和教学方式具有亲和性，思政案例要贴近学生生活或者日常的思考范畴，有利于打开学生心扉，开展思政教学。

教师应时刻把握国内外最新政策和形势变化，把最新的政策精神、最新的时事要闻融入专业教学和课程思政，让学生始终处于知识和时局的最前沿。

教师呈现不同知识点所体现的思政要素，要有形式和内涵上的变化，体现思政元素的丰富性和综合性。

教师要努力提高教学技巧，善于将思政元素融入专业教学，以润物细无声的教学手段，将专业课堂浸润于思政的氛围之中。

教师要将思政案例和教学宗旨与真实的时局发展、社会现实相结合，在说实话、办实事的框架下开展思政教育。

教师必须在尊重专业教学和知识体系的前提下，将思政元素和具体的专业知识点、具体的实验实习过程相结合，做到有物可依，在专业中渗透思政，才能体现课程思政的专业性。

二、教师课程思政教学能力培训

推动建设能够胜任课程思政的专业教师队伍，建立教研室定期教学法活动必须包括课程思政内容研讨交流的机制，形成专业任课教师在课程思政方面有效交流、研讨、培训的定期、长效机制，同步推动课程思政与党支部建设有机结合，使得专任教师课程思政设计、教学能力稳步提升。

积极组织专业任课教师参加校内外课程思政的线上、线下培训。

在条件允许的前提下，邀请本校/校外相关专家通过线上、线下多种方式对专业任课教师进行培训。

形成船舶电子电气工程专业教师课程思政定期交流、研讨机制，与教研室教学法活动和党支部活动绑定，每学期专任教师关于课程思政教学交流研讨的次数不少于3次。

三、课程思政的制度和机制建设

挖掘、凝练具有船舶电子电气工程专业特色的课程思政内涵与课程思政知识体系；构建并逐步完善教学与课程思政有效融合的教学工作体制，探索并总结符合船舶电子电气工程专业课程特点和学生特质的课程思政培养方案，从专业角度进行顶层设计，重点在船舶电子电气工程专业教学大纲中融合专业课程思政的课程目标。

挖掘并拓展课内外、校内外优秀的课程思政育人资源，逐步形成具有船舶电子电气工程专业鲜明特色的课程思政育人资源库，建立动态更新机制，确保资源库与时俱进，持续更新。

建立教研室教学法活动必须包括课程思政内容研讨交流的机制，形成专业授课教师在课程思政方面有效交流、研讨、培训的定期、长期机制，同步推动课程思政与党支部建设的有机结合。

建立闭环的课程思政效果评价体系和方法，制定对专业任课教师课程思政教学的考核办法并有效实施；将课程思政的内容加入日常课程管理中，从教学法活动、交流听课、考试考核结果审核等方面建立课程思政与课程教学有机融合、思政内容与时俱进、课程思政教学效果持续改进的机制。

第四章　救助与打捞工程专业课程思政教学工作指引

第一节　绪论

一、救助与打捞工程专业课程思政的现实性

在加快建设交通强国的大背景下，以课程为载体的思政教学越加显得具有现实意义。在救助与打捞工程专业人才走向世界舞台的发展形势下，课程思政是加强学生素养教育的迫切要求。

近年来，我国交通运输、海洋工程等与救助与打捞工程密切相关的行业发展迅速，基础建设发生了翻天覆地的变化，为国家经济和社会发展提供了保证，在提高人们生活质量的同时大大促进了社会生产力的发展，促进了世界的文化交流与贸易发展，将世界紧密地联系在一起。救助与打捞工程相关行业大踏步地走向世界、融入世界，对具有国际视野和竞争力的专业人才的需求非常强烈。

救助与打捞工程专业课程思政教学，在原有的"把生的希望留给别人、把死的危险留给自己"的救捞文化的基础上，进一步围绕共建"一带一路"、加快建设交

通强国，深入挖掘救助与打捞工程行业的思政内涵，注重强化学生家国情怀、科学精神、文化素养、工程伦理等教育，激发学生科技报国的使命担当。

二、救助与打捞工程专业课程思政教学的目标和原则

（一）课程思政教学目标

以习近平新时代中国特色社会主义思想为指导，以立德树人为根本任务，培养符合新时代需求的救助与打捞工程专业人才。让学生了解我国救捞行业发展历程，弘扬以爱国主义为核心的民族精神，增强学生对中国共产党的政治认同、思想认同和情感认同，坚定"四个自信"；让学生通过了解救捞行业的起源及发展历程，树立新发展理念；围绕历史思维、辩证思维、系统思维、创新思维、容错思维等，形成综合思维培养目标，培养学生以正确立场观点看待问题、联系客观实际分析和解决问题的能力；引导学生掌握救助打捞的相关概念与技术，培育和践行社会主义核心价值观，弘扬工匠精神，把事业理想和道德追求融入国家建设；帮助学生了解国内外典型救助与打捞案例和行业领域发展动态，拓宽国际视野，激发学生爱国主义情怀和专业学习热情，引导其树立责任担当意识，塑造专业理想信念。

（二）课程思政教学的主要原则

课程思政教学密切结合学科基础课程、专业基础课程、专业课程的教学特点，坚持知行合一、内外统一、润物无声，做到课程思政过程有效无痕。

知识传授与价值引领的统一。这是课程思政遵循的基本原则，应将社会主义核心价值观融入知识传授中。

技能培养与素养教育的统一。应将国家、政治、经济、法律、安全、生态环境等教育融入对学生解决救助与打捞工程行业实际问题的技能培养中。

能力达成与全面育人的统一。课程教学过程中应让学生感受到专业的科学性、严谨性、真实性、规范性，培养良好的职业道德、敬业精神、人文关怀、社会责任、团队意识等。

专业课程思政建设紧紧围绕立德树人这一核心，达成课程思政目标和课程教学目标两个任务，从科技报国、家国情怀、使命担当等方面将课程思政目标和课程教学目标有机融合。按专业量身定制，将救助与打捞工程专业特点与职业伦理相联

系，在教学设计中，选取救助与打捞工程专业的切入角度和关注重点，应符合救助与打捞工程专业的职业伦理和规范的要求。

明确教师的主体地位。课程思政的理念要求教师在专业知识传授的基础上，注重在价值传播中凝聚知识底蕴，在知识传播中强调价值引领。要求教师具有深厚的专业知识，具有宽泛的人文素养，关注时事、关注社会发展。

精心选择案例。良好的授课效果需要以丰富的案例为支撑，让教学内容有血有肉。救助与打捞工程专业工程案例丰富，在教学设计的案例选择遵循"近、远、广、专"的原则。所谓"近"，就是选取最新发生的、学生熟悉的案例，讨论这些案例容易引起学生的共鸣。所谓"远"，是指引入国外的案例开拓学生的视野，使学生从这些不熟悉的案例中获取新鲜的知识。所谓"广"，是指选取多个行业的案例应用，涵盖国内与国外、企业与政府部门，让学生打开思路。所谓"专"，是指聚焦本专业，让学生从专业视角深入理解问题。

无缝嵌入课程。课程思政的教学是在专业课中嵌入思政内容，其目的是让原有的课程内容更丰富、更完整，因此切忌生硬而突兀地加入思政内容，学生对教师空洞地讲大道理容易产生抵触心理，结果适得其反。教师应巧妙地以"润物细无声"的方式将思政内容嵌入原有的教学内容，实现专业课程的价值引领和隐性教育的课程目标。

关注学生思想动态。作为专业课程的教学老师，在专业认知上让学生明白，也应从学生的关切出发，做学生的知心朋友、价值观引领导师，使学生明白学好专业知识的重要性，明白为何而学，将自身的发展和国家的发展、自身的进步和国家的进步、自己的命运和国家的命运、"小我"和"大我"有机结合和统一，与时代共呼吸、同命运，增强对时代发展潮流的认知，树立更加远大的目标和理想。

第二节　救助与打捞工程专业课程思政的内涵、思政元素及其与课程目标的融合

一、课程思政的内涵

课程思政的实质是一种课程教学观，是将思政教育融入课程，将知识传授与价值引导相统一的过程，需要根据课程的教学内容和教学特点，挖掘其蕴含的思政元素，确保学生在"认知、情感、行为"等方面保持正确的方向。

课程思政不是把专业课程讲成思政课程，而是结合学科基础课程、专业基础课程、专业课程的特点，将思政元素深度融入课程内容，充分体现党的教育方针和救助与打捞行业对专业人才的素养、知识、能力等方面的要求。救助与打捞工程专业的课程思政，就是将马克思列宁主义、毛泽东思想、邓小平理论、"三个代表"重要思想、科学发展观、习近平新时代中国特色社会主义思想贯穿专业课程的教学和研究全过程，在教学中深入发掘专业课程的思政元素，从战略高度出发，形成专业教育课、思想政治理论课、综合素养课程三者合一的教育体系，特别是对专业基础课和专业特色课而言，促进专业的教育教学、人才培养，实现专业课程与课程思政同向同行，形成协同效应的结果。

二、课程的思政元素

准确理解和把握课程的思政元素，是课程思政教育的基础。将课程思政融入救助与打捞工程专业育人的过程中，要关注哲学社会科学课程，注重政治导向，挖掘文化的育人价值；深入挖掘人文精神和科学精神，重点培养学生的创新意识、科学素养和工匠精神等。将知识传授与价值引导有机统一，融入探索意识、科学精神、

工匠精神、团队协作等思政内容。开展课程思政时，要注重对学生社会主义核心价值观、家国情怀、中华优秀传统文化、科学精神、学术诚信、团队精神等方面的培养。在课程中开展课程思政教学实践，坚持学科专业的性质不变、本位不变，挖掘融入本学科的职业伦理、价值观、科学精神等。

课程的思政元素有多种表述形式，包括但不限于以下三个方面。

从社会主义核心价值观"富强、民主、文明、和谐；自由、平等、公正、法治；爱国、敬业、诚信、友善"理解和把握课程的思政元素。

从"政治认同、家国情怀、科学精神、文化素养、法治意识、道德修养、生态文明、全球视野"等理解和把握课程的思政元素。

从救助与打捞工程专业课程的思政元素应是其工程科学和技术与社会、经济、法律、文化、环境等相结合的产物，应是解决救助与打捞工程领域复杂工程问题时应坚持的思维、精神、观念这个角度理解和把握，课程思政元素应涵盖工程价值观、工程系统观、工程社会观、工程经济观、工程文化观、工程安全观、工程环境观、工程道德观、工程法律观。

工程价值观。在解决救助与打捞工程领域复杂工程问题时，对社会主义核心价值观的思考和体现，包括政治认同、家国情怀、集体主义、领导力、团队意识、沟通等。

工程系统观。在解决救助与打捞工程领域复杂工程问题时，对系统工程思想和方法的思考和运用，重点突出科学精神。

工程社会观。在解决救助与打捞工程领域复杂工程问题时，对社会生产和生活方面的思考和体现。

工程经济观。在解决救助与打捞工程领域复杂工程问题时，对国民经济、效益成本等方面的思考和体现。

工程文化观。在解决救助与打捞工程领域复杂工程问题时，对全球视野下的文化、习俗和习惯等的思考和体现，重点突出文化素养、全球视野。

工程安全观。在解决救助与打捞工程领域复杂工程问题时，对工程项目与国家、经济、社会、居民、环境等的安全影响的思考和体现。

工程环境观。在解决救助与打捞工程领域复杂工程问题时，对自然、环境、生态等的思考和体现，重点突出生态文明、双碳目标。

工程道德观。在解决救助与打捞工程领域复杂工程问题时，对道德、伦理等的思考和体现，重点突出道德修养。

工程法律观。在解决救助与打捞工程领域复杂工程问题时，对法律法规、标准规范等的思考和体现，重点突出法治意识。

热爱专业是课程思政的出发点。救助与打捞工程专业是集船舶、机械、海洋工程等多种相关专业于一体的交叉性学科，其所学学科内容多种多样，就业方向众多，容易让学生摸不着头脑，找不到方向。这要求教师在授课过程中，紧密结合社会人才需求，紧密把握社会发展趋势，将社会实践融入课程教学内容，潜移默化培养学生的专业自豪感。救助与打捞工程专业将"把生的希望留给别人，把死的危险留给自己"的救捞文化融入本专业的人才培养全过程。紧扣"三观"，让学生从工作伦理和职业态度两方面正确理解和认知救捞文化。

结合国家政策讲解专业内涵和发展。国家政策引领产业发展和教育方向，把握好国家政策有利于开展专业教学任务。救助与打捞工程专业与建设海洋强国、交通强国息息相关。例如，在讲解专业未来发展、将来可以从事哪些工作时，让学生主动学习理解国家产业政策发展和个人职业发展的关系，更好地帮助学生明确前进的方向，明白自身的发展和国家的发展是一致的、不可分离的，既能提高学生的自学能力，又能让学生明白个人发展和国家建设息息相关。将专业教学内容和课程思政目标有机结合，做到"润物细无声"。

将社会主义核心价值观和专业内容相结合。在救助与打捞工程专业课程教学中，有效利用专业知识结合社会主义核心价值观进行教学。例如，讲到"海洋工程装备"，可以联系社会主义核心价值观中的"富强"一词做进一步阐述，"先进海洋工程装备"实现国家整个经济的转型和快速发展，为国家的快速发展和民族富强助力。通过这样的讲解方式，既能让学生明白专业学习的目的、专业的发展方向，也能更好地理解社会主义核心价值观的内涵。

团队合作是大型救助打捞及海洋工程作业的本质要求。大型打捞工程是一个典型的团队合作案例，单纯的技术人才、单纯的智能软件、单一的专业背景无法支撑整体项目管理的职能。从项目管理的这一特点出发，让学生领悟团队合作的重要性和必要性，明白决策只能由人来进行，充分发挥合作精神以及各自的长处，使大型工程项目达到"1+1>2"的效果。

系统思维方法是专业人才的基本素养。救助与打捞工程专业是一门应用性极强的专业，其培养目标是高级应用型海洋工程人才，纯理论的教学模式远远不够。为了提升学生的学习热情，以及未来的工作信心，救助与打捞工程专业将理论课程学习与实践课程紧密结合。机械系统需要定期地维护才能保证良好的性能，人也需要不断学习提升自己的社会价值。信息系统会出现这样那样的问题，人生历程也是布满荆棘。学生要学会用系统维护的思维解决难题，以积极乐观的心态面对生活，解决生活中这样那样的问题。实践工作也是为了让学生直观地感受未来工作环境、工作状态，从刚毕业的学生快速成长为熟练的操作者和成熟的管理者。

树立民族品牌的信心，拓展国际视野。无论是过去还是现在，民族情怀一直都是激发我们干事创业、创新创造的内生动力。救助与打捞工程专业侧重点在海洋工程技术能力上，并提供了到救捞一线的实践机会，毕业生在毕业论文中可以选择自己感兴趣的、擅长的课题进行研究。课程教学中以"世越号"打捞"桑吉轮"救助为例，了解中国在救助打捞领域的崛起和发展，培养学生的民族自豪感、爱国主义情怀，使其找到与社会价值的共鸣，激发创新创造的热情。

三、课程思政与课程教学目标的融合

课程思政与课程教学目标是融合的、一致的，而不是矛盾的、对立的，课程追求理论、方法等技术性知识点讲授的同时，也需要达到国家、社会、经济、法律、安全、环境、生态等非技术性知识点讲授的相关要求。将思政思想融入专业课程中，首先要制定明确的教学目标，除知识目标和能力目标外，还需要进一步明确课程的育人目标。结合专业特点，秉承润物细无声的理念，在教学中融入社会主义核心价值观，加强大学生理想信念、价值取向、政治信仰、社会责任感的教育。在传道授业解惑中引人以大道、启人以大智、育人以大德，为学生一生的发展奠定思想基础和精神底色。

导论类课程，教学目标是专业发展历程、内涵特点、体系架构、专业与社会经济的关系等内容，具有一定的引导性、概括性和前沿性等特点。涵盖的课程思政元素很多，如工程价值观、工程系统观、工程社会观，等等。

理论类课程，教学目标是专业的理论、方法、技术等，培养学生系统思考、分析、研究的能力，课程思政元素需要结合课程具体内容，如工程系统观、工程经济观、工程安全观，等等。课程思政是一种将思想政治教育融入理论课程的隐性教育。通过设计课程方案、改革教学组织、改进教学评估等措施，让价值引导的成分在教学中如盐在水，达到春风化雨、润物无声的育人效果。对于学生理论知识的培养，以及良好道德品德和行为习惯的养成，课堂教学只是中间一个环节，应考虑构建课程教学新范式，将课程从课堂内延伸到课堂外，将思想政治理论课和专业课程相结合，形成沉浸式思想价值引领大环境。

实践类课程，教学目标是培养学生实践能力、操作技能，理论方法在工程实践中的应用能力，课程思政元素可以包含工程社会观、工程文化观、工程道德观、工程法律观等。为了加强思想政治水平和专业能力培养，鼓励学生积极"走出去"，深入企业实践，学习企业先进的技术和实践经验，丰富教学内容和教学案例，提高学生学习的兴趣；参加各种交流和培训，学习国内外的先进教育理念和方法，定期进行讨论，深入挖掘课程所蕴含的思想政治教育资源，在知识传授中注重强调价值的引领，在价值传播中注意凝聚知识的底蕴，让课程教学逐步实现"价值塑造、能力培养、知识传授"三位一体的教学目标。

具体课程思政与课程目标融合实施方案，如表4-1所示。

表4-1　救助与打捞工程专业课程思政与课程目标融合实施方案

课程性质	课程名称	思政任务
专业基础课程	画法几何及机械制图	工程价值观 工程系统观 工程文化观
	机械设计基础	工程价值观 工程系统观 工程文化观
	液压传动	工程价值观 工程系统观 工程文化观
	机械制造基础	工程价值观 工程系统观 工程文化观 工程道德观 工程法律观
	船舶静力学（救捞）	工程价值观 工程系统观 工程经济观

续表

课程性质	课程名称	思政任务
专业基础课程	船舶静力学（救捞）	工程环境观 工程道德观 工程法律观
	船舶与海洋工程结构力学	工程价值观 工程系统观 工程社会观 工程经济观 工程安全观 工程环境观 工程道德观 工程法律观
	船舶驾驶概论	工程价值观 工程系统观 工程社会观 工程经济观 工程环境观 工程法律观
	机械工程控制基础	工程价值观 工程系统观 工程环境观 工程法律观
专业核心课程	救助工程	工程价值观 工程系统观 工程社会观 工程经济观 工程文化观 工程安全观 工程环境观 工程道德观 工程法律观
	打捞工程	工程价值观 工程系统观 工程社会观 工程经济观 工程文化观 工程安全观 工程环境观 工程道德观 工程法律观

续表

课程性质	课程名称	思政任务
专业核心课程	海洋工程	工程价值观 工程系统观 工程社会观 工程经济观 工程安全观 工程环境观 工程道德观 工程法律观
	潜水技术基础	工程价值观 工程系统观 工程社会观 工程经济观 工程文化观 工程安全观 工程环境观 工程道德观 工程法律观
	有限元分析及应用	工程价值观 工程系统观 工程社会观 工程经济观 工程文化观 工程安全观 工程环境观 工程道德观 工程法律观
	水下智能检测技术	工程价值观 工程系统观 工程社会观 工程经济观 工程文化观 工程安全观 工程环境观 工程道德观 工程法律观
	救捞应急管理	工程价值观 工程系统观 工程社会观 工程经济观 工程文化观

续表

课程性质	课程名称	思政任务
专业核心课程	救捞应急管理	工程安全观 工程环境观 工程道德观 工程法律观 工程人文观
	救捞及海洋工程设计	工程价值观 工程系统观 工程社会观 工程经济观 工程文化观 工程安全观 工程环境观 工程道德观 工程法律观
	海空立体救助	工程价值观 工程系统观 工程社会观 工程经济观 工程文化观 工程安全观 工程环境观 工程道德观 工程法律观
	救助与打捞政策法规	工程价值观 工程系统观 工程社会观 工程经济观 工程文化观 工程安全观 工程环境观 工程道德观 工程法律观
	救捞国际标准合同	工程价值观 工程系统观 工程社会观 工程经济观 工程文化观 工程安全观 工程环境观 工程道德观 工程法律观

续表

课程性质	课程名称	思政任务
专业核心课程	救捞工程案例分析	工程价值观 工程系统观 工程社会观 工程经济观 工程文化观 工程安全观 工程环境观 工程道德观 工程法律观
	水下智能机器人	工程价值观 工程系统观 工程社会观 工程经济观 工程文化观 工程安全观 工程环境观 工程道德观 工程法律观
	工程项目管理	工程价值观 工程系统观 工程社会观 工程经济观 工程文化观 工程安全观 工程环境观 工程道德观 工程法律观
专业实践课程	认识实习	工程价值观 工程社会观 工程经济观 工程文化观 工程安全观 工程环境观 工程道德观 工程法律观
	毕业实习及毕业论文	工程价值观 工程系统观 工程社会观 工程经济观 工程文化观

续表

课程性质	课程名称	思政任务
专业实践课程	毕业实习及毕业论文	工程安全观 工程环境观 工程道德观 工程法律观
	专业方向实习	工程价值观 工程系统观 工程社会观 工程经济观 工程文化观 工程安全观 工程环境观 工程道德观 工程法律观
	救助打捞课程设计	工程价值观 工程系统观 工程社会观 工程经济观 工程文化观 工程安全观 工程环境观 工程道德观 工程法律观

第三节　救助与打捞工程专业课程思政教学的方法

一、课程思政元素在课程教学大纲中的体现

　　课程思政应紧密结合专业基础课程、专业理论课程、专业实践课程内容，在课程教学大纲中提出课程思政的要求、思政元素的表述、思政教学的重点、思政教学的方法以及思政教学内容的安排。

在课程目标中，提出课程应该达到的思政目标。

专业要求把课程思政课程目标与工程认证中非技术性观测点有机结合，参考表4-2，根据每一门专业课程的实际特点，覆盖支撑不少于2个非技术性观测点（即毕业要求6—12中不少于2个）。

表4-2 课程思政元素支撑毕业要求对应表

毕业要求	思政元素
毕业要求3：设计/开发	工程系统观
毕业要求4：研究	工程系统观
毕业要求6：工程与社会	工程社会观 工程文化观
毕业要求7：环境和可持续发展	工程环境观
毕业要求8：职业规范	工程安全观 工程道德观
毕业要求9：个人与团队	工程文化观
毕业要求10：沟通	工程文化观
毕业要求11：项目管理	工程经济观
毕业要求12：终身学习	工程价值观 工程系统观

在课程作业、设计中，提出使学生充分思考、体现课程思政元素，促进学生思政目标达成的具体要求。

在课程考试中，对课程思政目标的达成应有相关的成绩要求。

二、课程思政元素在课程教学中的表现方式

课程思政元素在课程教学的过程中表述的方式、方法、载体等具有多样性，可根据课程教学内容和思政元素的特点选择，如故事、案例、场景，图片、视频、多媒体等。在课程教学中，课程思政元素的表现方式建议如下。

（一）启发与渗透相结合

加强课堂互动、学生参与，避免口号式、说教式的宣讲和讲授。注重启发，促使学生主动地认知、认同、内化，避免被动地注入、移植、揳入，填鸭式的宣传教育。走近学生，提高沟通技巧，加强学情分析和学生心理分析，增进交流互动，促

进师生间的思想碰撞，使学生从被动的学习转向主动的学习，主动付诸实践，从而对其思想状态产生良性影响。

（二）历史与现实相结合

从纵向历史与横向现实的维度出发，通过认识世界和中国发展大势、国际形势和中国特色、历史使命和时代责任等，使思政元素既源于历史又基于现实，既传承历史血脉又体现与时俱进，深度融入解决救助与打捞领域复杂工程问题的现实场景中。如设立"红色救捞"等模块，使学生全面而系统地了解救助与打捞专业历史发展进程、知识体系结构以及最新的技术动态，提高学生综合素养和宏观认知水平，培养学生探索学科发展与创新实践的能力，为努力适应社会发展、实现历史与现实相结合奠定知识和能力的双重基础。

（三）教学过程与教学效果相结合

课程思政应立足救助与打捞工程专业的定位、人才培养特色，针对课程教学内容，有的放矢地设计思政元素、选择教学方法、制定评价标准，在课程教学的全过程中思考和设计课程思政；同时，在课程的全过程中评估课程思政的教学效果，真正达到课程思政的目标要求。

对于救助与打捞工程专业思政课程教学，可以结合相关的渠道进行传播。首先，借助技术手段搭建网络平台，通过平台形式发布结合思政元素的课程内容，一方面可以增加学生对于救助打捞工程的直观认识，另一方面可以加强课程思政的传播。其次，可以利用公众号进行课程文章推送，教师可以将信息系统中的课程探索发布到微信公众号，鼓励学生留言互动，利用碎片化时间提升交流效率，还可以更好地传播到微信群或者朋友圈中，扩大传播范围。利用手机应用程序、微博等新载体，为救助与打捞工程专业课程思政的传播提供载体，也可以利用这些软件的热度和流量，增强课程的吸引力。另外，可以利用互联网相关教学平台推广思政课程。利用目前一些主流的教学平台，如慕课、雨课堂、超星教学平台、学习通等网络平台，结合智能手机，实现碎片化和趣味化传播，一方面，可以让更多学生接触到优质课程内容，另一方面，也符合"00"后大学生随时随地学习的时代特征，课程内容的制作也可以结合目前新兴的短视频形式，采用竖屏、互动选择、课后直播答疑等方式。还可以将学生上课时针对救捞专业思政元素开展的一系列讨论、演讲、辩论赛的内容制作成趣味短视频，加强学生对于课程的传播意愿。

三、课程思政元素在课程教学中的总体设计

在课程教学大纲提出的目标和要求的基础上，结合课程教学内容总体设计，将思政元素融入课程每一章节的教案，并与时俱进地修改、补充、完善教案。在课程教学准备时，结合具体的课程内容，充分挖掘思政元素，寻找其与课程知识体系的融合点，并以润物无声的形式渗透到课程整个教学过程中，杜绝专业教育与思政教育"两张皮"现象。

（一）课程教学策略设计

为达成课程目标，便于学生接受，教师在进行思政教学策略的设计时，不能刻意融入。具体的实践路径通常采取点位式融合，即思政教育的融入是见缝插针式的，贯穿课程教学的全过程，具有较强的随机性。

（二）教学组织设计

专业课程教师应遵循教育规律，围绕教学目标设计教学环节，充分应用信息技术开展教学，引导学生深入思考和主动探究，将课程思政融入专业课程教学之中。

（三）线上线下混合式的教学形式设计

进行混合式教学设计时，遵循产出导向（OBE）的育人理念，强调以成果为导向，注重培养学生能力，并对学生学习效果进行评价。以利于学生毕业后几年内的能力发展为出发点，设计预期能力指标，根据这些能力指标反向设计线上线下教学活动。教学过程中，注重引导学生自主思考，培养学生自主学习能力，教学活动的设计与开展均以使学生达到某种学习效果为目的，更加强调学生在教学活动中的主体地位以及学生的最终学习成果。

（四）多主体协同的实践育人路径设计

结合"新工科"建设需求及救捞专业打造创新创业人才的培养要求，在课程思政建设过程中，应该注重将科研与教学、专业建设与创新创业、虚拟仿真与实践应用相融合，在专业教师、校企合作基地、行业精英共同培养下，实现"课内理论教学—实验实训平台"和"以赛促学"相融合，设计多主体协同育人视角下救捞专业践行课程思政的有效路径。虚实结合，以赛促学，促进学生实践能力的提升。

第四节　救助与打捞工程专业课程思政教学的评价

一、学生课程思政学习的考核方式和方法

课程应提出与知识和能力考核相统一的思政考核的要求，要求学生不仅了解，还要在面向实际问题时体现，做到身体力行。

（一）考核方式多样化

课程思政实施的落脚点在于学生思想政治素质的提升，具体表现为是否形成健康的专业伦理和科学的信仰及良好的行为习惯。因此，单一维度的考核难以评价课程思政的效果，需要过程性与自主性相结合的多元化考核模式。应设置课堂讨论、小论文答辩、大学生创新创业教育、学科竞赛等多种考核环节。鼓励学生撰写科研论文，聚焦本学科研究热点，正确认识科研责任和历史使命；指导学生参加高层次科技创新大赛，使课程的考核评价向政治素质、人文素质、职业道德、社会责任感等多维度延伸。

（二）设置明确的考核标准

根据课程教学各个环节，制定明确的评判依据、相关的评分项和评分标准。

（三）追踪学生思政学习效果

采用对学生行为观察、调查、座谈会等形式，分析学生课程思政的效果，总结完善学生思政考核方式方法。从专业知识技能掌握程度和德育两方面构建综合考核评价体系，改变以往德育评价指标单一化和低权重的情况。

二、教师课程思政教学的考核方式和方法

重点考核专业教师是否按照课程思政要求开展相关教学活动。课程思政的评价与反思能力，是教师立德树人能力的一部分。专业课课程思政评教方面，主要从专业课程教师的课程思政改革能力、思政元素与专业知识的融合度、价值引领和道德沁润程度来综合评价。邀请优秀课程思政示范课教师参与考评机制的设计和考评活动，增加同行评价频率，通过共同备课和课程组内教学研讨等促进同行交流经验和资料共享，提升课程思政改革水平和效率。

重点从以下三个方面，考核教师是否按照课程思政要求开展了相关教学活动。

（一）教师对课程思政有理解

教师对课程思政的必要性、现实性有深刻的理解，对所教授的课程在思政教育中起到的作用有深刻的理解。

（二）教师对课程大纲有落实

教学中充分挖掘思政元素，将课程思政融入课程教学全过程，贯穿课堂授课、教学研讨、实验实训、课程考核各环节。

（三）教师的课程思政有效果

学生通过课程学习，能够达到课程教学大纲的要求，实现课程教学目标。

三、课程思政教学的评价方式和方法

从专业角度，对课程思政教学形成多元化、动态化的课程评价体系。课程思政应该以创新性管理人才培育为教学核心，破除唯分数、"一考定终身"的单一评价标准，需要更多关注过程评价，师评、自评、学生互评相结合，整合课内与课外表现、品行与专业素质能力。课程实践环节成绩应该增加或者加强企业导师的评价权重，对教学内容中设立的思政元素形成多元、动态评价机制。

思政教育与教学目标同期同向考核。教学评价检验教学目标的完成情况，其本质是对课程的价值判断。成长中的学生对课程的理解本身就是丰富的，对课程的期

待是多层次的，对课程的评价是多元的。除知识学习、能力培养之外，要从价值塑造角度对教育教学效果进行评价和反思，及时改进教学工作，提高育人实效。考核不仅包含课堂知识点考核，也应加入课程思政育人成果评价，把学生参与度、获得感作为检验思政教育实效的标准。例如，学生要完成小组作业及成果展示，这是知识点考核方式。作业主题是"海洋强国战略"，作为救助与打捞工程专业的学生，如何用自己的专业知识和能力，助力行业发展，这体现思政教育目标。作为培养学生解决复杂问题的综合能力和高级思维效果的呈现，完善课程思政融入专业课程评价机制不仅有利于提高成员参与活动的积极性，而且能保证学生政治素养与能力的提高。

第五节　教师开展课程思政教学能力要求与提升

一、教师开展课程思政应具备的条件

教师是开展课程思政教学的主体，教师开展课程思政教学需要具备相应的能力条件与保障条件。课程思政充分体现每一门课程的育人功能、每一位教师的育人责任，课程思政的效果取决于教师的育人意识和育人能力。教师必须自觉树立牢固的育人意识，时时处处体现育人的职责，扭转偏重传授知识与能力，忽视价值传播的倾向。教师不仅要有扎实的专业能力素养，还应具有过硬的思想政治素养、深厚的家国情怀、丰厚的人文底蕴、良好的职业道德操守和优良的科学精神等。

思政教学具有鲜明意识形态属性，政治性是第一位的。每一位教师都应该树立科学信仰，具备较高的政治素质。让有信仰的人讲信仰，善于从政治上看问题，在大是大非面前保持政治清醒。教师应该具有深厚的家国情怀，以情感人，感染、激励、引导学生们培养家国情怀、使命与担当。保持家国情怀，心里装着国家和民族，在党和人民的伟大实践中关注时代、关注社会，汲取养分、丰富思想。教师首先要学会辩证唯物主义和历史唯物主义的思维方法，并在实践中科学地运用。创新课堂教学，给学生深刻的学习体验，引导学生树立正确的理想信念、学会正确的思维方法。教师是学生的引路人，教师所站的位置，所具有的眼界和视野，将直接影响学生的眼界和思路。利用知识视野、国际视野、历史视野，通过生动、深入、具体的纵横比较，把道理讲明白、讲清楚。做到课上课下一致、网上网下一致，自觉弘扬主旋律，积极传递正能量，这可以说是对思政课教师最基本的要求，它融会了"政治要强""情怀要深""思维要新""视野要广""自律要严"五个方面的要求。有人格，才有吸引力。亲其师，才能信其道。要有堂堂正正的人格，用高尚的人格感染学生、赢得学生，用真理的力量感召学生，以深厚的理论功底赢得学生，自觉做为学为人的表率，做让学生喜爱的人。

二、教师课程思政教学能力培训

培养教师课程思政教学能力的关键是强化政治意识，提升政治能力和增长知识才干，强化政治担当，培养奋斗精神。教师需具备良好的政治素质，能从政治上看问题，在大是大非面前保持政治清醒。教师的教育方式要与时俱进，注重专业知识和学科教学理论的学习，能利用多种教学手段和方法提高教学效果。教师还需要具备政治担当，能够成为学生的榜样，以德立身、以德立学、以德施教。教师应当关心学生的成长和发展，促进学生的全面素质提高，教育引导学生树立正确的世界观、人生观和价值观，为社会培养具有高尚思想品质和道德情操的人才。

为提升教师课程思政教学能力，学校应将课程思政教学培训纳入新教工培训内容，定期或不定期组织专业课程思政学习、研讨、培训，让教师参加相关的教学竞赛。提升教师对课程思政的理解，促进课程思政教学内容更合理、教学方式更灵活多样。通过集体备课、同行听课评课、校级院级二级督导听课评课等多种形式帮助教师找准自身定位，端正教师对课程思政的认知，明确思政教育与专业课程之间相辅相成的关系，不断提升教师的课程思政能力。

三、课程思政的制度和机制建设

教师是办好思政教学的关键，同时也是课程思政建设的主体，在思想政治教育环节中发挥着不可或缺的作用。因此，有效提升思政教师的能力至关重要。通过建立健全课程思政建设激励机制，在政策导向、体制机制、制度规范三个方面加以引导，切实解决好教师在面对课程思政时所产生的"愿不愿""会不会""能不能"的问题，引导教师设计出更符合学生发展需要以及社会思想政治教育工作需要的思政课程。建立健全课程思政教学制度，明确现阶段课程思政工作目标，多渠道提升教师课程思政的教学能力和教学方法。

将教师课程思政内容纳入课程教学大纲、教学内容与教案、教学条件等课程建设，以及督导听课、同行评议、学生评价等质量监督保障体系建设。

将课程思政建设要求纳入一流课程建设要求。

将获奖课程和教师纳入年度评优、绩效考评体系。

在假期多提供优秀教师外出进修和学习机会，将成功的案例和学习心得带回分享给教研室老师。利用校级和院级教学竞赛，激发老师们主动教学改革的意愿，通过外出进修提升教学能力。

第五章　交通运输专业课程思政教学工作指引

第一节　绪论

一、交通运输专业课程思政的现实性

全面贯彻习近平新时代中国特色社会主义思想，提升学生思想政治素质，实现全员、全过程、全方位育人，高校积极开展课程思政。通过将思想政治教育融入各门课程，增强学生的国家认同感和责任感，促进社会主义核心价值观深入人心，落实高校立德树人的根本任务。党的十九大明确提出新时代建设交通强国的战略目标。交通运输专业作为交通强国建设专业高素质人才的重要来源，肩负培养具有卓越综合素养，具备专业知识、战略思维、全局意识和家国情怀的人才的重任。专业立足国家战略需求，以课堂教学为途径、思政教学为手段，在培养学生专业技能的同时，增强学生的社会责任感和爱国精神，培养具有国际视野与民族精神、海洋意识与社会责任、广博知识与发展潜质、创新精神与实践能力、健全人格与健康体魄的交通运输人才，使其成为德智体美劳全面发展的社会主义建设者和接班人。

二、交通运输专业课程思政教学的目标和原则

（一）课程思政教学目标

交通运输专业课程思政教学以习近平新时代中国特色社会主义思想为指导，在专业知识传授中融入红色基因的价值导向，建立解决"培养什么人、怎样培养人、为谁培养人"这一根本问题的交通运输专业课程思政体系架构。具体来说，交通运输专业课程思政教学的目标主要包括：让学生了解我国交通运输行业的发展历程，弘扬以爱国主义为核心的民族精神、无私奉献的工匠精神，增强学生对党的政治认同、思想认同和情感认同，坚定"四个自信"；让学生通过了解我国交通运输行业的起源与所取得的伟大成就，树立新发展理念；让学生掌握交通运输专业的理论知识与技能，培育和践行社会主义核心价值观。交通运输专业通过在基础课程、专业课程和实践课程教学的各个环节中全面开展课程思政教学，将思政元素融入每一门课、每一章节、每一个知识点，在潜移默化中完成"教书、育人"的目标，落实立德树人的根本任务，培养政治坚定、爱党爱国的具有红色血脉的社会主义建设者和接班人，热爱海事、热爱海洋并能够担当民族复兴大任的具有蓝色基因的新时代海运人，了解港航低碳环保技术、关注绿色交通和可持续发展前沿动态的具有绿色思维的港航人。

（二）课程思政教学的主要原则

1.多环节融合与持续改进原则

高校课程思政教学作为课程设置、教学大纲核准和教案评价的重要内容，要落实到课程目标设计、教学大纲修订、教材编审选用、教案课件编写各方面，贯穿课堂授课、教学研讨、实验实训、作业论文各环节。在教学内容和教学过程的不断优化中，发现新问题、优化新模式、解决新困境，通过不断地反思和改进，确保课程思政建设的实际性与有效性。

2.实事求是原则

课程思政是一个复杂的、开放的、动态的系统，首先，要从实际出发，探索国家和社会的具体需求；其次，为实现课程内容与思想政治教育的真正统一，课程思政教学应结合具体课程的特点，深入挖掘课程育人元素，包括社会主义核心价值

观、家国情怀、科学精神、文化素养、法治意识、全球视野、工程价值观、工程系统观、工程法律观等，根据各门课程特色和优势，深入研究不同类型课程的育人目标，切实合理地将专业课程与思政理念融合。

3. 创新思维原则

课程思政不是思政课程，不是简单地把专业课讲成思政课，而是将思想政治教育通过潜移默化的方式融入专业知识教育，其本身就是一种创新。同时，在课程思政教学建设的过程中，用创新思维推动课程思政建设，创新课堂教学模式，革新课堂教学管理体系，开展专业相关大讲堂、志愿服务、实习实训等活动，拓展课程思政建设途径与丰富课程思政建设方法。通过案例、图片、视频等表现形式，实现教学内容与思政元素的相互融合。

第二节 交通运输专业课程思政的内涵、思政元素及其与课程目标的融合

一、课程思政的内涵

（一）课程思政

课程思政是一种教育理念和实践，旨在将思想政治教育融入高等教育的各门课程中，以"润物细无声"的教学过程培养学生的综合素质和社会责任感。

课程思政是指在高等教育中，以专业课程的教学过程为基础，挖掘社会主义核心价值观、家国情怀、科学精神、文化素养、法治意识、全球视野、工程观等思想政治教育的内容，并将其融入课程中，通过课程内容和教学过程中的思想引导、价值观塑造等方式将知识传授和价值引导相统一，体现党的教育方针，与专业知识形成协同效应、同向同行，向学生传授知识的同时无形中完成其思想政治教育，促进学生全面发展，提高学生的思想政治素养和综合素质，落实立德树人根本任务标的

综合教育理念。

（二）交通运输专业的课程思政

课程思政应是对学生品质、德行和思想的深层次教育。交通运输专业尊重教育教学基本规律、遵循认知发展规律和人才培养规律，积极推进课程思政建设。专业顺应国家双一流学科建设要求，以海运为特色教学领域，教学内容具有很强的前沿性、理论性、应用性，与国家发展战略高度契合，旨在培养具有正确的国家观、民族观、历史观、文化观，德智体美劳全面发展的中国特色社会主义建设者和接班人，为我国建设海洋强国、共建"一带一路"提供发展力量，促进我国交通运输行业、物流行业的发展建设。

二、课程的思政元素

交通运输专业在知识体系上具有鲜明的海运特色，在育人过程中始终坚持马克思主义、深入贯彻习近平新时代中国特色社会主义思想，秉承共产主义远大理想，以培养具有坚定理想信念、深厚专业知识和强烈社会责任感的中国特色社会主义建设者为目标，各教学环节遵循科学的知识逻辑和需求逻辑，立足于每门学科的理论基础和实际需求，结合工学类学科特点，明确航运特色，以社会主义核心价值观为导向，系统化地设计教学内容、实施教学方法，保证教学内容的前沿性和实践性。同时，挖掘专业课程中的思政元素，凭借多层次、多维度的教学策略，建立课程思政总体框架。

如图5-1所示，交通运输专业着眼于家国情怀、社会责任和个人素养三个重要层面，依托通识类、数学与自然科学类、经管法类等多元化课程，构建全方位教育体系。专业以学生为中心，以培养目标为导向，以毕业要求为基础，深入挖掘思政元素，持续改进培养计划，以培养学生正确的世界观、人生观和价值观为核心打造课程思政教学背景，形成面向交通运输专业高素质复合型人才培养的育人机制。专业从家国情怀、社会责任、个人素养三个层面挖掘爱国爱党、民族自信、团队精神、爱岗敬业、诚实守信、遵纪守法、批判思维、工匠精神、创新实践等思政元素，将其在理论课程与实验实践类课程中充分体现。通识类课程教导学生塑造正确的世界观、人生观、价值观，培养学生的人文社会科学素养，强化民族自信和文化自信；数学与自然科学类课程在学分设置上满足工程教育认证要求，保障学生对基本数学方法和物理知识等的掌握，为专业类课程科学方法的使用打下基础；经管法类课程设置满足新时代社会经济发展要求，融入法治精神、大局意识等思政元素，使学生具备恰当运用经济、管理、法律相关基本原理与科学方法分析交通运输工程实践问题的基本能力；工程基础类课程设置满足对学生工程能力的培养需求，弘扬工匠精神，培养学生实事求是、客观严谨的科学精神，培养学生结合马克思主义立场观点方法正确认识问题、分析问题和解决问题的能力；计算机类课程设置满足国家"新工科"建设和时代发展需要，使学生能够熟练运用现代化工具解决复杂工程问题，鼓励学生开拓创新，成为适应新质生产力发展的专业型人才。交通运输专业力求在完成知识教学中落实隐性思政教育，做到潜移默化、润物无声。

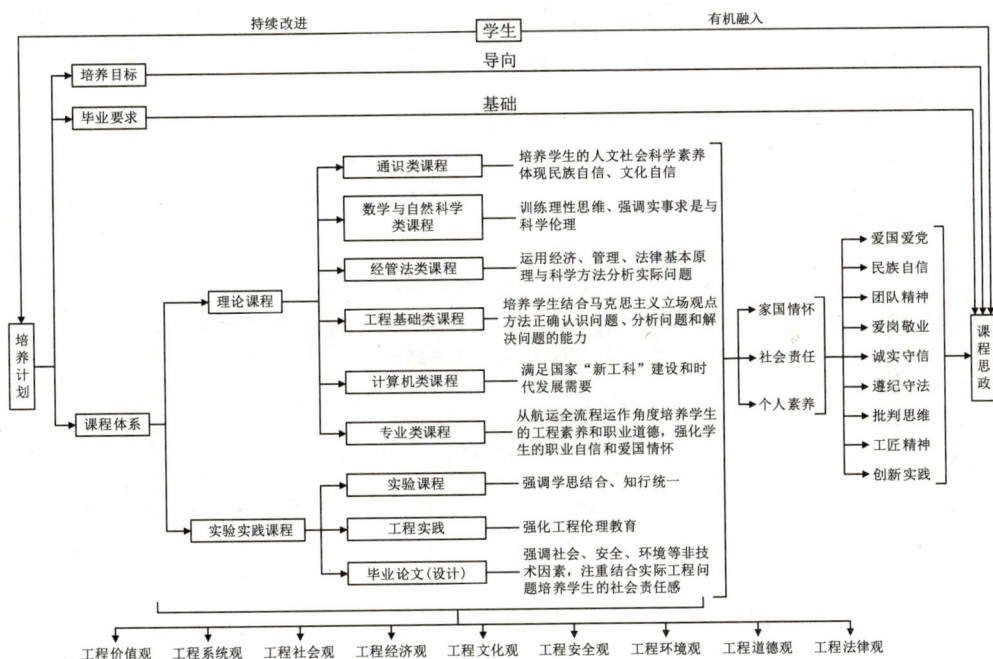

图5-1 交通运输专业课程思政总体框架

三、课程思政与课程教学目标的融合

课程思政与课程教学并不冲突，课程思政可以作为设计课程教学的初衷，也可以作为课程教学中思想的升华。在授课过程中，要将课程思政与教学目标巧妙结合，寓于教学内容之中，与培养目标融为一体。

交通运输专业以工程教育认证为要求，对学生在个人能力、工程思维、品德修养等方面进行全面思政教育，确保学生通过对本专业课程的学习，具备解决交通运输领域运筹优化、运输规划、安全与可持续性等复杂工程问题的能力，能够在复杂多变的行业环境中综合考虑对社会、经济、安全、法律、文化和可持续性发展的影响，运用所学的理论知识与现代化工具，以开拓进取的创新思维与客观严谨的全局视角，在工程实践中严格要求自己，遵守法律要求和职业道德规范，高标准解决交通运输领域复杂工程问题。

工程教育认证和课程思政在高校教育中发挥着重要作用。工程教育认证注重培养学生的专业素养和技能，课程思政引导学生树立正确的思想观念和价值观念。如表5-1所示，专业以丰富专业知识、提升工程能力、强化综合素质为总体教学目标，满足工程教育认证提出的要求，与课程思政相结合，使工程教育更加符合社会主义核心价值观；在专业课程中融入思想政治教育的内容，使学生在专业知识的学习过程中不断提升思想政治素质，形成正确的世界观和人生观。这种教育方式不仅有利于学生全面发展，也有助于培养具有社会责任感和创新精神的工程人才，为国家和社会的发展贡献力量。

表5-1　工程教育认证教学目标与课程思政元素的融入

课程教学目标	工程教育认证标准	思政元素		表现形式
丰富专业知识	工程知识	实事求是、辩证思维 家国情怀、民族自信 文化自信	工程系统观 工程价值观 工程文化观	知识传授 案例讲解
提升工程能力	问题分析	辩证思维、开拓创新 团队精神、大局意识 精益求精、与时俱进 知行合一、躬身实践	工程系统观 工程安全观 工程经济观 工程社会观	知识与实践的融合 小组实验 课程实践 专业实习
	设计开发			
	研究			
	使用现代工具			
强化综合素质	环境与发展	绿色低碳、爱国情怀 民族自信、文化自信 法治精神、大局意识 工匠精神、爱岗敬业 遵纪守法、诚实守信 国际视野、开拓进取	工程环境观 工程社会观 工程价值观 工程经济观 工程法律观 工程安全观 工程文化观 工程道德观	课程教育 独立研究 专业实习 综合性实践活动
	工程与社会			
	项目管理			
	职业规范			
	个人与团体			
	沟通			
	终身学习			

交通运输专业通过对工程教育认证标准的分析，将自身专业教学特点与教学目标相融合，支撑学生在知识掌握、工程能力、综合素质上的全面发展。

（一）传授专业知识与理论知识

交通运输专业通过专业理论课程帮助学生全面掌握工程知识，熟练使用现代工具，提升分析与解决问题的能力，从宏观角度完成学生对于专业课程的系统性学习。课程中深入挖掘和提炼实事求是、辩证思维、家国情怀等思政元素，将工程价值观、工程系统观、工程文化观等融入教学，通过科学合理地拓展课程的广度、深度和提升课程的温度，使思政教育无缝嵌入专业教育。课程内容涵盖"一带一路""海洋强国""郑和下西洋"等专题，深化学生对国家发展战略及相关政策的理解，弘扬中华优秀航海文化，展示我国港航领域的发展历程和辉煌成就，融入文化自信与民族自信等思政元素。

对于港口管理与航线规划的知识，在教授学生相关数学方法与算法的同时，引导学生在考虑问题时从整体出发、顾全大局，体现工程系统观与大局意识等思政观点；多式联运内容中，对运输方式的选择与配置因其众多不同的约束，要求学生在考虑问题时要更加全面，锻炼学生的辩证思维能力。理论课程教学与课程思政相结合，不仅使学生对专业相关知识有更全面的了解与掌握，同时增强学生对国家战略的认同感和民族自信心。通过对行业背景和发展变化的深刻理解，学生对行业适应能力和归属感得到增强，科技报国的家国情怀和使命担当被大大激发。

（二）提升工程能力与实践能力

工程能力方面，主要通过对理论知识的讲授将课程思政与提升工程能力的教学目标相结合，学生应具备能够全面分析港口布局与港口发展战略、合理规划港口发展的工程能力，以及能够合理规划运输航线、全面分析运输方案、严谨完成船舶货物配积载的工程能力。小组合作的内容锻炼学生之间的团队合作能力，更强调学生应当站在其他成员的角度以更全面的视角分析问题并做出决策，提升学生在解决复杂问题时的工程能力，达到与团队精神、精益求精、工匠精神等思政元素的融合，同时体现工程安全观与工程经济观。在实践能力方面，实践类课程如"港航仿真模拟""运筹与优化""Matlab实验""城市交通流预测实验"等将学生所学知识与计算机应用相结合，初步理解与体会专业理论在行业中的应用，同时又通过学生的躬身实践使其更深刻地感受知行合一、开拓创新、与时俱进的重要性，无形中从学生本身出发完成对其思想的引导和对思政教育的落实。通过更进一步专业内安排的相关实习活动，如金工实习、企业工程实训、上船实习等更现实更具体的实践活动，达到对学生实践能力的提升，使学生更切实地体会现实工作环境中问题的复杂性与个人在工作中应尽职责的重要性，不仅要求学生运用专业知识解决港航领域的复杂工程问题，同时鼓励学生在解决问题的过程中综合考虑社会、安全、文化、环境等多方面的非技术因素，提升学生解决实际问题的效率和全面性，极大地增强实践能力。融入爱岗敬业、工匠精神等思政元素，体现工程安全观、工程经济观、工程社会观等，将专业知识传授与思政教育有机结合，全面提升学生的综合素质和实践能力，使其成为具备高度社会责任感和使命感的卓越工程人才。

（三）强化综合素质与个人品格

在培养学生综合素质方面，交通运输专业满足工程教育认证中的所有非技术性因素要求，从多种角度全方位培养交通运输领域人才。

可持续发展。通过对智能化码头相关技术的介绍，体现先进的智能化技术对于绿色可持续发展的必要性及经济性，以港口自动化码头的建成为例，展现我国在可持续发展建设道路上的领先地位与新质生产力的发展，激发学生对祖国发展的认同感与自豪感，体现爱国情怀、民族自信等思政元素。

工程与社会。以理论知识为基础，对学生进行工程与社会方面的思政教育，引导学生通过了解专业相关领域的技术标准体系、知识产权、产业政策和法律法规，理解不同社会文化对工程活动的影响并掌握相关的政策法律知识，在对复杂工程问题的实践中利用制定的评价指标进行评价，分析这些制约因素对项目实施的影响，增强学生的社会责任感，体现工程社会观、工程伦理观、工程安全观以及爱岗敬业、诚实守信等思政元素。

项目管理。即学生掌握经济管理原理及其决策方法，了解交通运输工程全流程的成本构成，理解其中涉及的工程管理与经济决策问题，引导学生在多学科环境下，针对不同项目找到适宜的管理和经济决策方法，综合运用理论和技术手段，进行合理决策，力求达到最优解，培养学生的大局意识、工匠精神，融入工程系统观与工程价值观。

职业规范。专业安排的企业实习与上船实习，提供学生在行业相关领域亲身实践的机会，实习前对相关法律法规、标准规范的讲解使其感受遵纪守法与职业规范在专业领域的重要性，增强学生的社会责任感，融入爱岗敬业、诚实守信、法治精神等思政元素。

团队意识。多门课程设置小组实验内容，学生通过组队完成对理论知识的巩固与实验结果的呈现，提升其在合作中的配合与协调能力，共同完成团队合作任务，使学生感受团队合作能力对于解决工程问题的重要性，同时与团队精神、诚实守信等思政元素高效融合。

沟通。沟通能力是交通运输专业学生必须具备的个人能力之一，对熟练掌握海运相关术语、能与行业内人员流畅交流具有一定的要求，以沟通为桥梁有助于学生拓展国际视野，同时增强文化自信心与民族自信心。

终身学习。交通运输领域的复杂工程问题随着社会与技术的进步以及物质需求的增长不断出现，港口与航运业中也不断应用新技术，无论是课程中讲授的专业知识，还是实践活动中的亲身体会，其本身就是一种对终身学习重要性的传达，学生需要通过自主学习不断提高适应科学和社会发展的能力，体现开拓进取的思政元素，提升学生的社会责任感与使命感。

交通运输专业将课程思政与课程教学目标高效结合，力求学生在学习中得到和提升对于未来长久发展有益、深化于内心且能持续对学生产生积极作用的个人素质，丰富学识，增长见识，塑造品格，努力培养学生成为德智体美劳全面发展的社会主义建设者和接班人。

第三节　交通运输专业课程思政教学的方法

一、课程思政元素在课程大纲中的体现

教学大纲作为课程教学内容的纲要，是帮助教师确定课程思政元素的重要手段之一。在其编制工作中，要全面贯彻"学以致用，立德育人"的教育理念，通过顶层设计、改进完善、落地实施、反馈评价等流程，将课程思政元素全面融入课程大纲。

（一）设定课程思政目标

课程目标的设定应结合专业工学特点，以立德树人为任务，思政育人为目的，

实现知识传授与价值引领的统一、技能培养与素养教育的统一、能力达成与全面育人的统一。

（二）丰富课程思政教学内容

第一，将社会主义核心价值观融入课程内容，通过案例分析、讨论等方式，引导学生思考如何贯彻到实际行动中，培养学生的价值观念和道德观念。第二，介绍和海运相关的政策法规，帮助学生了解所在行业的发展方向、前景及未来的就业方向，培养学生正确的择业观。第三，讨论和分析当前社会面临的问题，如环境污染等，引导学生思考个人在解决这些问题中的责任和作用，培养学生的社会责任感和使命感。第四，培养学生的批判性思维，不是被动接受知识，而是主动分析和评估信息，形成独立的见解。第五，在课程中融入创新和可持续发展的理念，引导学生思考如何在航运业经济和科技发展中实现可持续性，推动社会进步。

（三）多元化课程思政教学方式

在理论课中，采用直接讲授、案例分享、情景教学、学生讨论、启发式教学等方式，将思政知识与专业知识深度融合。在实验实践类课程中，通过各种专业软件操作解决交通运输行业的实际问题，使学生了解交通运输行业前沿技术，培养学生的专业成就感。在其他类课程中，通过社会实际案例的引入来启发学生的思考，激发学生的学习兴趣，引导并培养学生的家国情怀与责任意识，培养学生的社会责任感。

（四）丰富作业内容和形式

在作业中融入人生哲理、家国情怀、理想信念、工匠精神等思政元素，丰富学生作业类型和形式，使学生在完成知识学习的同时有所感悟，达到课后作业这一教学环节育人的效果和目的。在学生作业的考核评价中，可以增加研讨互动类、汇报展示类的作业形式，让学生在互动和展示环节分享自己对作业中所蕴含的课程思政元素的感悟，达到升华课程思政教学的目的。

二、课程思政元素在课程教学中的表现方式

课程思政教学与传统教学不同，应注重如何将其润物细无声地融入课程中。

一方面，实施多种教学方式，如理论与实践相结合，启发与渗透相结合等；另一方面，根据课程内容与教学目标，融入思政方面的故事、案例、场景、图片、视频等，达到潜移默化的育人效果，做到"课程门门有思政，教师人人讲育人"。

（一）理论与实践相结合

通过产教融合、校企合作等多主体协同育人模式，建设交通运输专业的实践教育基地，实现课堂和实践的深度融合。教师将课程思政的理论内容延伸至实践活动中，通过设计交通运输专业课题，开展行业项目模拟、港航企业调研等活动，使学生在项目实习和企业调研过程中感受港航企业的爱国情怀、社会责任感和工匠精神。一方面，将课程知识点串联起来形成体系，实现理论与实践的深度融合；另一方面，通过这些教学形式和手段，培养学生的自主学习能力、团队协作能力和快速响应能力，提高学生将理论运用于实践的问题转化能力与行动力。

（二）启发与渗透相结合

在课程思政内容启发中，课程开始前引入交通运输的典型案例和港航领域的热点问题，讲述相关背景，引导学生思考课程知识点及背后的思政元素，培养学生的发散性思维和主动挖掘思政元素的意识。通过积极引导加强课堂互动和提高沟通技巧，避免填鸭式、植入式教学，注重启发式思政教学，使学生从被动接受育人元素与课程内容转变到主动发现和学习课程知识点及隐含的思政元素，在潜移默化中达到学生对思政教学内容的理解吸收。

（三）线上与线下相结合

教师通过网络教学平台发布学习资料供学生自主学习，借助腾讯会议、雨课堂等软件与学生在线互动，交流想法，使用BB学堂[①]等线上方式发布教学资料和补充资料，实现线上线下混合式教学，从而实现优势互补。一方面，线上平台能分享更多形式的与课程内容相关的思政资源，如文献、视频、新闻文章等，帮助学生在学习课程知识点的基础上，更深入地理解知识点背后蕴含的育人元素。另一方面，线下教学方式能够通过面对面交流，使学生对在线上学习潜移默化中接受的育人元素有更加深刻的认知和理解。

---

① BB学堂是大连海事大学线上教学平台，全称Black board。

（四）历史与现实相结合

从历史的横向和纵向两个维度体现思政元素。结合中国港航发展史的大背景，强调海洋强国、交通强国战略、"一带一路"倡议的重要地位，将专业特色融入交通运输专业的课程思政教学内容，让学生通过了解历史认识当下，培养学生的历史责任感、民族自豪感、家国使命感。

（五）教师与学生共提升

课程思政教学通过翻转课堂和教学考评形成良性改进机制，形成师生之间的良性循环。一方面，教师发挥自身专业能力，使学生在扎实学习课程理论知识的基础上自然地接受课程育人元素，达到课程思政教学的首要目标；同时，学生积极参与科学研究和社会活动，将课堂中接受的理论知识和思政元素融入实践，做到理论和思想既有"输入"，又有"输出"，激发学生的学习兴趣、创造力和创新意识。另一方面，教师从课程知识与课程思政元素融合授课的新教学思想中获得新感悟、新经验和对课程思政教学的新认知，并进一步通过学生课堂教学效果及课后实践的反馈，得到对课程思政教学的新理解，不断优化理论与思政的融合和传授，提高教师课程思政教育的意识和能力，完成对学生的知识传授和价值塑造，从而实现教师和学生的共同进步。

三、课程思政元素在课程教学中的总体设计

交通运输专业课程思政教学的设计思路立足于专业培养计划，在满足工程教育认证标准的基础上，将课程思政建设融于人才培养的各个环节中，构建在以学生为主体，以培养目标为导向，以毕业要求为基础，以课程体系为途径，以师资队伍、教学资源和实践环节为支撑，面向交通运输专业高素质复合型人才培养的育人机制。结合具体的课程内容，充分挖掘思政元素，寻找其与课程知识体系的融合点，并以润物无声的形式渗透到课程整个教学过程中，持续改进专业课程思政教学总体设计，杜绝专业教育与思政教育"两张皮"现象，旨在培养社会主义建设者和接班人，如图5-2所示。

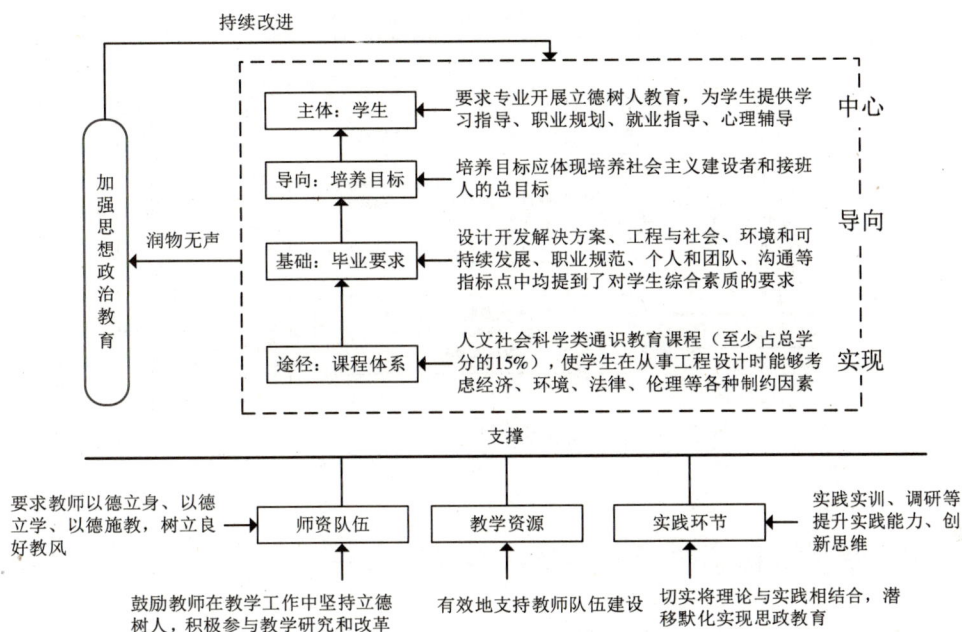

图5-2　交通运输专业课程思政教学总体设计

第四节　交通运输专业课程思政教学的评价

交通运输专业从学生、教师、专业三个对象出发，设计"多对象、多形式"的课程思政教学考核评价体系，以更好地推动专业强化育人意识，找准育人角度，提升育人能力，如图5-3所示。

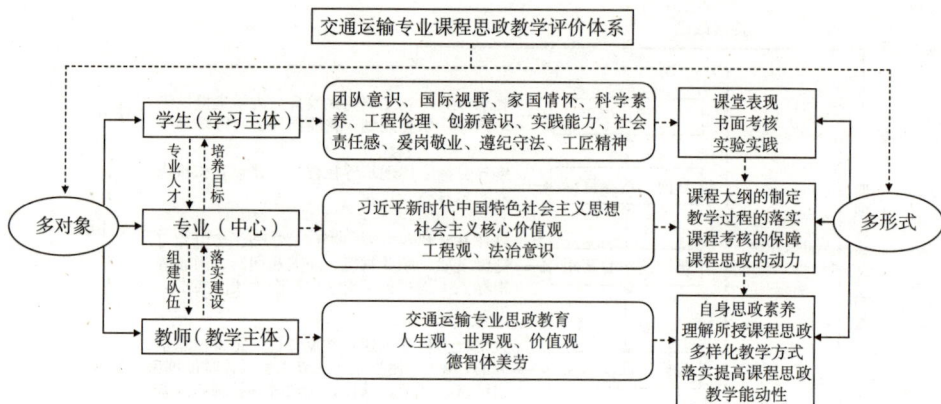

图5-3　交通运输专业课程思政教学评价体系

一、学生课程思政学习的考核方式和方法

学生课程思政学习的效果反馈是推进课程思政建设的关键一环，考核方式包括但不限于课堂表现、书面考核和实验实践等。为量化学生对课程思政元素的掌握情况，专业设计多级的评价指标点，以此反馈学生思政学习成果，如表5-2所示。

课堂表现。通过课堂交流、小组讨论等形式考核学生团队意识、沟通交流能力等。就交通运输领域经典案例分析过程中的表现，评估学生是否具有国际视野、家国情怀等。

书面考核。设置明确的评判依据与标准，根据课程作业、课程考试、课程设计等环节，考量学生的科学素养、工程伦理和创新意识等。

实验实践。结合实验课程、实习实训、港航企业实地调研的汇报展示等活动过程中的表现，提升学生的实践能力，深入评价其对社会责任感、工匠精神等元素的理解。

表5-2　课程思政育才学习过程评价指标

一级指标	二级指标	评价标准细则
课堂表现	参与讨论积极性	经典案例讨论中考核学生能否捕捉到家国情怀
		线上线下讨论中观点的输出是否具有国际视野
	小组汇报展示情况	小组合作中是否体现团结协作意识
		合作分工，考核学生的责任担当感
		课堂中个人汇报流畅性，评估学生的表现力

续表

一级指标	二级指标	评价标准细则
书面考核	课程作业	按时完成个人作业，考核学生的执行力与专注力
		"大作业"思考角度、内容思路等，考核学生的创新意识
		对问题、对策的分析与思考，评估学生的科学素养
	课程考试	论述题的解答，评估学生是否具备正确价值观
		考试是否诚实守信，是否存在抄袭作弊情况
	课程设计	熟练掌握专业必备的软件工具，考核学生的工程素养
		案例分析的完整性、系统性，考核学生的工程伦理意识
实验实践	实习实训	活动按时出勤，评估学生的社会责任感
		工程实训报告总结中是否体现工程观
	实验课程	实验中动手操作表现，考核学生的实践能力
		实验表现，评估学生的理论运用能力、科学思维
	港航企业实地调研	调研过程中是否对行业发展有一定见解
		在实地调研中坚定信念，用行动解决问题的工匠精神

二、教师课程思政教学的考核方式和方法

考核教师是否按照课程思政要求开展了相关教学活动，从多层级展开对教师教学过程的评价，落实课程思政育人育才的目标。具体评价考核细则如表5-3所示。

（一）自身素养与能力

教师能深入学习贯彻习近平总书记关于教育的重要论述和全国教育大会精神。通过同行听课、评议等形式考核教师对交通运输专业思政教育的认识，评估其思政教学能力。

（二）理解课程思政内涵

教师能对所教授的课程在思政教育中起到的作用有深刻的理解。组织专业教师研讨会，结合学生评价，考核教师对所授课程思政元素的挖掘与理解是否达标。通过对大纲内容的检查，评价教师是否注重教导学生塑造正确的世界观，人生观、价值观，实现学生德智体美劳全面发展。

（三）落实多样化教学方式

教学过程中，将启发与渗透相结合、理论与实践相结合、历史与现实相结合，多元化教学方式相结合的方法贯穿课堂授课、教学研讨、实验实训、课程考核等各环节。组织教师听课，考核评价教师能否系统直观地实施教学内容，能否及时有效地获取学生的反馈信息并随机应变调整。

（四）提高课程思政教学能动性

将教师参与课程思政建设情况和教学效果作为教师考核评价、岗位聘用、评优奖励、选拔培训的重要内容，切实提高每一位教师课程思政教学的能动性。通过典型经验交流、现场教学观摩、教师教学培训等手段，提升教师课程思政能力。

表5-3　课程思政育人教学过程评价指标

一级指标	二级指标	评价标准细则
自身素养与能力	教师自身思政素养、能力	深刻学习领会习近平总书记关于教育重要论述、全国教育大会精神
		贯彻落实教育部高校思政教学《纲要》内涵
		对海洋强国、交通强国等建设有积极的认知响应
理解课程思政内涵	课堂内容	课堂知识点清晰、有思想性、时代性
		课程思政元素丰富、涵盖面广
		挖掘思政元素能力强，与行业发展研究相契合
	思政元素设计	课程思政元素的融入点设计合理
		思政元素与本课程关联紧密
		思政元素符合社会主义核心价值观和学生认知
落实多样化教学方式	教学方法	教学方式多样化，评估思政教学能力
		启发学生思维，激发学习动机
		课程教学方法选用的合理性
	方法实施	方法适宜，充分利用现代化教学手段
		思政元素的融入充分激发学生的学习热情，提升思想
		获取学生反馈信息及时，考核教师的调控、应变力
提高课程思政教学能动性	教学效果	学生课堂参与话题讨论、思想交流的积极性
		课程教学任务、思政渗入课程的进度把控
		书面考试成绩分析，考量教师思政教学的效果
	教学反馈	学生对教师课程思政教学的综合评分，考量教师对学生学习热情的调动能力
		同行听课、研讨的评议，评估教师教学过程的综合能力
		教师对是否培养学生兴趣、情感与价值观等总结自评

三、课程思政教学的评价方式和方法

开展课程思政教学，是"双一流"建设、工程教育专业认证建设、一流专业和一流课程建设的重要环节。

（一）课程大纲"有目标、有要求"

重点考查交通运输专业的培养计划、课程大纲制定是否提出课程思政的教学目标、原则等。是否坚持融合社会主义核心价值观、工程观、法治意识等思政元素，激发学生科技报国的使命担当，推进我国交通运输事业的发展。

（二）教学过程"有内容、有落实"

重点考查课程思政中教师的针对性课堂教学过程，是否突出专业的海运特色、是否采用多样化的教学方式、授课教案是否按照课程大纲要求执行，是否坚持推动习近平新时代中国特色社会主义思想进教材进课堂进头脑。

（三）课程考核"站得住、立得稳"

重点考查是否建立了完善的课程思政考核体系，是否提出明确的考核标准。采用听课、同行评议、学生网评等方式，评价交通运输专业是否建立完善的学生、教师等多对象考核评价体系。

（四）课程思政"有动力、行得远"

重点考查是否组建了一支政治素养优秀、教学经验丰富的教师队伍，是否持续开展课程思政教学法活动。梳理总结教学周期内每门课程的评价检查结果，用于后续的持续改进工作。加大课程思政建设投入力度，建立跨专业、跨学校、跨区域的优质资源共享平台。

第五节　教师开展课程思政教学能力要求与提升

一、教师开展课程思政应具备的条件

（一）具备良好的思想政治素养

拥有良好的思想政治素养是保证思政教育有效开展的基础。教师可以通过积极学习党的理论和方针政策、了解国家的政治制度及其背后的意义、把握时代背景和政治要求来提升自身的思政素养。

（二）具有将专业知识与思政元素相结合的能力

教师在开展课程思政时，要在具有扎实专业知识功底的基础上，善于将专业知识与思政元素相结合，使学生在学习专业知识的同时，理解其中的思政元素。

（三）具有持续学习的能力

教师保持持续学习的状态，可以关注时事政治和教育改革的最新动态，通过参加相关的研讨会、学术交流和专业培训，阅读专业书籍、研究报告等途径，了解最新的思政理论和实践经验，不断充实自己的知识储备，以便更好地引领学生。

（四）具有良好的沟通与引导能力

教师具备良好的沟通能力和引导能力，有助于与学生进行深入交流，了解他们的思想需求和困惑，并通过巧妙引导和启发，帮助学生形成正确的思想观念，提高学生的政治判断能力。

二、教师课程思政教学能力培训

专业教师是交通运输专业课程思政教学开展的主体，可以通过丰富的培训内容和多样化的培训形式提升教师的思政能力，提升思政教育开展的质量和效果。

对教师进行思想政治理论培训，鼓励专业教师深入学习党的理论和政策方针。通过邀请专家学者进行理论讲座等方式，为教师提供系统学习思政教育理论知识的机会，提升教师对思想政治教育理念的理解。

在思政教育的教学设计、教学方法和评价方式等方面对教师进行培训。通过案例研究、小组讨论等形式，组织教师分析和讨论如何有效将专业知识与思政元素有机结合起来，并在此基础上设计教学目标、教学内容和教学活动。

组织教师参与案例分析、模拟课堂等活动，让教师们能够亲身感受思政教育的实际操作技巧，在实践中学习如何设计以及设计怎样的思政教育教学活动能够更好地引导学生。

为教师搭建讨论和反馈平台，帮助教师们解决在思政教育中遇到的问题和困惑。采取集体讨论和教学观摩等方式，收集教师对课程思政相关内容学习情况的反馈，在此基础上，促进教师的个人成长和教学能力的提升。

三、课程思政的制度和机制建设

为确保课程思政工作的有效进行，促使其向科学化、制度化、规范化方向发展，建立健全的制度和机制至关重要，如图5-4所示。

（一）课程思政管理机制

设立专门的课程思政工作小组或部门，并确定小组的组成人员，负责统筹、协调和推进课程思政工作，以确保工作的全面协调和高效运行。

（二）教师能力培训机制

设立思政教育的培训计划，为本专业教师提供系统的思政教育理论和教学方法的培训，提高专业教师的思政教育能力。

（三）成效考核评价体系和监督检查机制

建立学校、学院、专业等多层次，课程目标设计、教学大纲修订、教学方法改革等多维度的课程思政建设成效考核评价体系和监督检查机制，梳理总结教学周期内每门课程的评价检查结果，并用于接下来的持续改进工作。将教师的课程思政教学情况纳入考核评价、评优奖励的考虑范围，增强教师参与课程思政教学活动的积极性。

（四）闭环反馈机制

建立科学有效的课程思政教学反馈平台，收集并分析学生、教师对于课程思政教学活动的意见和建议，并针对后续课程思政教学活动的开展采取相应的调整和改进措施。同时，将改进措施的实施情况反馈给学生与教师，以促进持续的反馈与改进循环。

（五）实践教育机制

课程思政中的实践教育机制旨在将理论知识与实际应用相结合，培养学生的实际操作技能、社会责任感、团队协作精神和创新能力，从而提高学生的思想政治觉悟和综合素质。

（六）资源共享机制

通过教材资源库、在线学习平台、师资合作、社会资源整合和学术研究共享等方式，促进跨专业合作、优化资源配置，为思政教育提供更多创新和进步的机会，以提升思政教育的质量和效果。

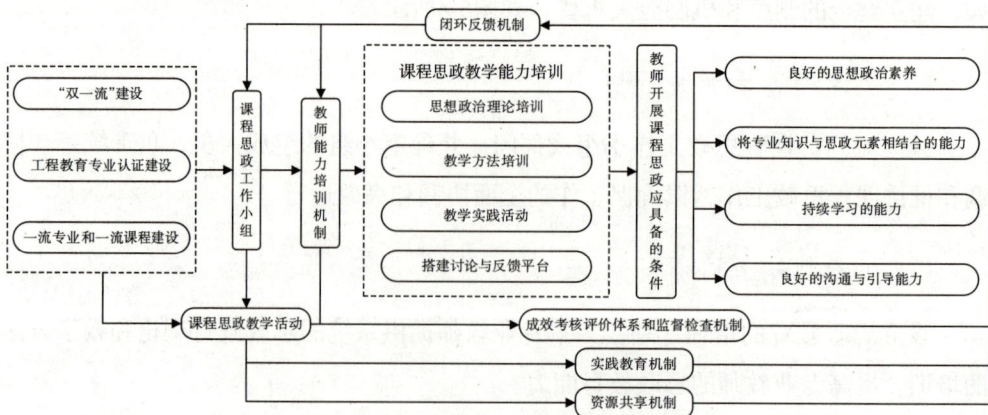

图5-4 课程思政的制度与机制建设

第六章　测控技术与仪器专业课程思政教学工作指引

第一节　绪论

一、测控技术与仪器专业课程思政的现实性

随着科学技术的进步，仪器领域的技术已经发生了翻天覆地的变化。近年来我国仪器行业虽然发展迅速，但在高精尖仪器领域与国外仍存在较大差距。仪器类专业教学，肩负着为国家培养高精尖仪器人才的重任。在此形势下，开展课程思政教学，培养学生的家国情怀和科学精神，激发学生科技报国的使命感显得尤为重要。

仪器行业在交通运输领域发挥着重要作用，交通运输系统中，各种仪器仪表无处不在，特别是远洋运输船舶，从导航、测量到控制，均需要高精度高可靠性的仪器设备保障船舶的安全航行。交通运输行业的仪器仪表的设计、开发及应用涵盖安全、质量、环境、能源、计量等多个方面，涉及政策、标准、法规、规范以及多文化交流等相关问题。在智能化时代，交通工具面临着向智能化、无人化的转变，其发展涉及技术与人文、伦理、标准、法规等诸多方面的融合和交叉。在此背景下，

以课程为载体的思政教学越加显得具有现实意义。

在仪器类专业开展课程思政教学，使学生明确学习方向，激发学生为我国仪器事业发展贡献力量的责任感，培养新一代德智体美劳全面发展的仪器人才，对我国仪器类行业的快速发展具有重要意义。

二、测控技术与仪器专业课程思政教学的目标和原则

（一）课程思政教学目标

课程思政教学的目标是，通过在学科基础课程、专业基础课程、专业课程中全面开展课程思政教学，在专业中落实立德树人根本任务，提升学生的政治思想素质，引导学生树立正确的世界观、人生观、价值观，培养具有家国情怀、科学精神以及高尚的职业道德，勇于探索的高素质仪器类人才。

1.落实立德树人的根本任务

"立德树人"是高等教育遵循的根本原则。在专业课程教学过程中，改变仅进行知识传授的传统教学模式，将社会主义核心价值观融入知识传授中，以价值引领为前提进行知识传授。通过课程思政教学，让学生树立正确的世界观、人生观、价值观，解决高等教育培养什么样的人，为谁培养人的问题，落实高等教育立德树人的根本任务，为国家培养德智体美劳全面发展的合格的社会主义事业接班人。

2.激发爱国情怀，培养奉献精神

在专业课教学中，通过讲解世界仪器领域高精尖技术的发展历程，让学生了解我国与世界先进水平的差距，激发学生的家国情怀，明确学习目标，使在学生心中树立为我国仪器行业发展作出贡献的使命感和责任心。通过仪器领域科学家和工程师通过奋斗赶超世界先进水平的典型案例，增强学生的民族自豪感，激发学生的爱国热情，学习老一辈科学家和工程师不计名利、大公无私的奉献精神，坚定走中国特色社会主义道路的决心，树立为我国仪器行业发展贡献力量的信念。

3.培养具有社会责任感的新时代人才

科学技术的飞速发展，对人类社会的环境、资源、文化等诸多方面带来巨大的影响。仪器作为人类认识世界和改造世界的工具，在其设计、生产和工程应用过程中，不仅要考虑技术的可行性以及经济效益的最大化，还要兼顾人文和社会环境的限制，节能环保的要求，人文、道德、法规方面的约束等诸多方面。专业课程思政

教学要引导学生建立大局观，树立社会责任感。

4.加强综合素质训练，培养创新型人才

现代社会对人才的需求不仅仅是知识和技术层面的，对人才综合素质的要求越来越高。专业课程思政的教学目标，重点之一是培养和提高人才的综合素质和创新能力，包括创新精神和团队意识、沟通能力和国际视野、项目管理和经济决策、诚实守信和道德规范等方面，为仪器行业培养技术水平高、创新能力强的综合型专业人才。

（二）课程思政教学的主要原则

仪器类专业的课程思政教学应以仪器专业技术为基础，紧密结合海事特色，将课程思政内容和元素融入课程的各个教学环节，实现思政元素和课程内容的有机融合。课程思政元素的融入要做到润物细无声，思政教学要做到潜移默化地影响学生的思维。

1.坚持知识传授和价值引领的统一

专业课程思政教学应坚持知识传授和价值引领统一的原则，应将社会主义核心价值观融入知识传授中，以价值引领为前提进行知识传授，通过课程思政教学，让学生树立正确的世界观、人生观、价值观。教师应树立正确的认识，以积极的态度投入课程思政教学。

2.立足专业特色，深入全面地开展思政教学

测控技术与仪器专业的课程思政教学，应结合专业特点和学校的海事特色，从仪器技术如何服务于海洋科学、运输行业方面入手。关注海洋思维，拓展国际海事领域视野，了解国家海洋战略，清楚关于船舶、港口、海上运输的法律、规范。将国家、社会、经济、法律、安全、环境、生态等内容融入相关的专业课教学中。从基础课、专业基础课、专业课、实践课，由浅入深、循序渐进地开展课程思政教学。

3.基于工程教育认证，全面落实课程思政教学工作

以专业工程教育认证为依托开展课程思政教学。在工程教育认证以学生为中心理念的基础上，在专业培养目标和毕业要求中明确课程思政目标，制定符合课程思政目标的课程教学大纲，并在教学环节中落实。挖掘专业知识以及专业复杂工程问题中蕴含的思政元素，将课程思政要求融入专业教学的各个环节。

4.遵循自然原则，开展润物细无声的思政教学

在专业课教学中全面推进课程思政，教师要有明确的思路，根据课程特点，在

合适的环节融入思政元素。坚持知行合一、内外统一的原则。思政元素在课程知识点中平滑自然引入，避免生硬。课程知识内容与思政内容比例恰当。教师应在精通和深入理解专业知识的同时，深刻领悟课程思政原理、准确把握课程思政要素，关注时局变化，不断提高教学技巧，使课程思政能够顺利有效地实施。

5. 建立评价机制，持续改进课程思政教学效果

基于以学生为中心、产出导向、持续改进的理念，在专业教学环节制定明确的思政目标后，建立完善的考核评价机制，对课程思政的教学效果予以评价，并根据评价结果对课程思政教学的方法和手段进行持续改进，使课程思政教学效果得到不断提高。

第二节　测控技术与仪器专业课程思政的内涵、思政元素及其与课程目标的融合

一、课程思政的内涵

课程思政是在教学过程中将知识传授和价值引导相统一的过程，即将思想政治教育元素，包括思想政治教育的理论知识、价值理念以及精神追求等融入各门课程。注重加强对学生的世界观、人生观和价值观的教育，积极引导当代学生树立正确的国家观、民族观、历史观、文化观，潜移默化地对学生的思想意识、行为举止产生影响。

测控技术与仪器专业课程思政需要根据本专业课程的教学内容和教学特点，挖掘其蕴含的思政元素。通过融入思政目标，深化教学内容和模式的改革，把政治认同、国家意识、文化自信、人格养成等思想政治教育导向与各类课程固有的知识、技能传授有机融合，实现显性与隐性教育的有机结合，促进学生的自由全面发展，充分发挥教育教书育人的作用，确保学生在"认知、情感、行为"等方面保持正确的方向。通过理想信念、爱国主义、品德修养、知识见识、严谨治学、奋斗精神以

及综合素质等方面对学生的塑造，将职业规范、社会责任、价值观念、团队沟通、国际视野、可持续发展与终身学习等素养植入学生内心，促使学生德智体美劳全面发展。

二、课程的思政元素

课程思政元素的挖掘，应根据专业特点，在专业知识内容中发掘与世界观、人生观、价值观相关的素材。重点从爱国情怀、责任意识、工匠精神、职业素养、创新精神等方面出发，将抽象的理论知识，赋予与现实世界相关的世界观、人生观、价值观的灵魂，使其成为更具营养、能够引导学生成长为德智体美劳全面发展的高素质人才的知识。

从工程教育视角出发，测控技术与仪器专业毕业生应具备解决仪器类复杂工程问题的能力，在仪器类的工程设计与实施中能够综合考虑工程的实施对社会、经济、健康、安全、法律、文化、环境的影响，通过创新思维，综合多方面因素给出最优解决方案。在工程实践中能够坚守职业道德，知晓、理解并遵守仪器类工程相关的法律法规及标准规范。测控技术与仪器专业的课程思政元素，可综合归纳为专业人才在解决专业领域复杂工程问题时展现的工程价值观、工程系统观、工程社会观、工程经济观、工程文化观、工程安全观、工程环境观、工程道德观、工程法律观等。

（一）坚持社会主义核心价值观，激发爱国情怀，树立科技报国信念

为落实立德树人的根本任务，解决"培养什么样的人""为谁培养人"的问题，在专业课教学中，应首先从社会主义核心价值观出发理解和把握课程思政元素，并在测控技术与仪器专业课程内容中挖掘相关素材。可供参考的内容包括：仪器学科及测控技术与仪器专业的形成背景、发展历程、现实状况和未来趋势；仪器学科所涉及的重大工程和科学技术发展成果，科学家或模范人物事迹；学科专业原理、观点以及与之相关的生活实践、教学实践、科技实践；学科专业发展对国家、社会的贡献以及给人民生活带来的变化；高端仪器国外垄断及"卡脖子"等问题。通过在课程中融入思政元素，让学生树立正确的世界观、人生观、价值观，激发学生的爱国热情，树立学生科技报国的信心和决心，培养吃苦耐劳、精益求精、勇于创新、乐于奉献的精神，树立承担民族振兴的责任意识，为建设科技强国贡献自己

的力量。

（二）理解社会责任，遵守职业规范，培养高素质人才

作为培养工程技术人才的工科专业，训练和塑造学生的工程师素质是非常重要的任务。工程师不仅要有较高的专业技术水平，还要具有社会责任感，遵守规范与法律，理解专业相关工程对社会各方面的影响，具有承担社会责任的意识。

在专业课程思政建设中，深入研究仪器工程科学和工程技术与社会、经济、健康、安全、法律、文化、环境的关系，结合职业道德、职业规范、职业素养的培养，设计全面涵盖工程师能力与素质的课程思政元素，实现培养高素质人才的目标。

（三）增强综合能力，提升个人素质，培养合格的社会主义建设者和接班人

课程思政教学应重视学生综合能力和个人素质的培养，从职业规范、团队合作能力、沟通能力、国际视野、管理能力和自主学习能力等方面入手，全面提升学生的个人素质和能力，个人素质和综合能力方面的课程思政元素的挖掘，可从以下几个方面入手。

1. 职业规范

专业课程中通过介绍相关法律法规、标准规范，让学生了解法律规范的内容，通过正或反两方面的实例讲解遵守相关法律法规、标准规范的重要意义，增强学生的社会责任感和法律意识，在工程实践中理解并遵守工程职业道德。

2. 团队协作

工程领域的复杂工程问题不是一个人能解决的。合格的工程师应具备合作精神，能与多学科背景的团队成员合作，体现领导能力和协作能力，与团队成员共同完成工程项目的实施。课程应设置需要合作的作业与任务，对学生的团队合作能力进行全面训练。

3. 沟通交流能力

良好的沟通能力是工程师必备的素质。在解决复杂工程问题的过程中，需要与业界同行、公众进行广泛沟通。在世界经济一体化的背景下，工程师需要具有国际视野，能够在跨文化背景下进行沟通和交流。课程中，可通过综合设计报告、演讲、查阅资料、与国外同行交流等形式，对学生的沟通能力开展训练。

4.项目管理能力

项目管理和经济决策是工程师的必备技能，合格的工程师应胜任和完成项目策划、方案设计、成本核算、进度管理的全过程，专业课程需要对这些能力进行较好的训练。通过完成给定项目的方案设计、进度计划、过程管理、成本核算等环节，训练学生理解并掌握工程管理原理与经济决策方法。

5.终身学习和适应发展能力

科学技术发展迅速，大量新技术新知识不断涌现，工程实践中会遇到许多未知的难以解决的问题，需要通过自主学习不断提高以适应科学和社会的发展。课程中通过大作业、课程设计环节，让学生解决课堂未讲授过的需要通过自学解决的实际问题等形式，训练学生通过自主学习解决未知问题的能力，让学生认识到自主学习和适应技术发展的必要性。

三、课程思政与课程教学目标的融合

课程思政元素需要与课程教学目标融合，在课程目标中充分体现课程思政元素，以指导课程思政内容的教学过程设计。课程目标可分为知识目标和能力素质目标，知识目标代表学生理论知识的学习获得的成果，能力素质目标则代表学生通过课程学习和实践活动获得的综合素质和能力方面的提高。能力素质目标为非技术层面的教学目标，课程思政目标主要体现在这些非技术层面的能力素质目标上。

对于工科专业，学生未来主要从事与专业相关的工程的规划、设计、管理、生产和实施等方面的工作，专业课程思政元素主要体现在培养学生解决相关工程领域复杂问题时，从工程观点出发，综合考虑工程技术与社会、经济、健康、安全、法律、文化、环境的关系，考虑作为工程师应承担的责任和义务。

学科基础课，专业导论、创新、前沿类课程，教学内容是学科基础的理论和专业发展历程、内涵特点、体系架构、专业与社会经济的关系、创新思维与方法等内容，具有一定的引导性、概括性和前沿性等特点，涵盖的课程思政元素较多。例如，专业相关前辈努力奋斗取得的成就，科学家的奉献精神，放弃国外优厚待遇为国奉献的科学家，相关领域科学家通过努力打破国外垄断取得的成就，专业相关领域与国外的差距等，向学生传授科学精神和家国情怀，树立正确的工程价值观、工程社会观。

专业基础理论课程，教学目标是传授专业的基础理论和方法等，培养学生系统思考、分析、研究专业工程问题的能力。课程思政元素需要结合课程具体内容，从理论与自然的关系、理论对实践的指导意义等角度出发，培养学生的工程系统观、工程经济观、工程安全观等。

专业课程，教学目标是专业知识的工程应用。课程思政元素结合具体工程案例，从工程伦理、标准规范，工程对社会、环境、人文的影响，工程的经济性和可持续发展性等角度出发，培养工程经济观、工程系统观、工程安全观等观念。

实践类课程，教学目标是培养学生实践能力、操作技能，利用理论知识和方法解决实际问题的能力。除此之外，实践课程还包括成本管理、进度管理等能力的培养，以及纪律意识、时间意识、公共财产意识、团队意识的养成。课程思政元素包含工程社会观、工程文化观、工程道德观、工程法律观等。

综合上述，测控技术与仪器专业各类课程的课程思政与课程目标的融合方案如表6-1所示。

表6-1　测控技术与仪器专业课程思政与课程目标融合实施方案

课程性质	课程类别	思政任务
学科基础课	电子技术基础类	工程价值观 工程系统观 工程文化观 工程道德观 工程法律观
	机械工程基础类	
	光电工程技术基础类	
	计算机基础类	
	导论、创新、前沿类	
专业基础理论课	误差分析与信号处理类课程	工程系统观 工程文化观 工程道德观
	传感器及信号检测类课程	工程价值观 工程系统观 工程社会观 工程经济观 工程文化观
	测控总线及通信技术类课程	
专业课	计算机控制及仪器仪表类课程	工程安全观 工程环境观 工程道德观 工程法律观

续表

课程性质	课程类别	思政任务
专业课	测试理论与技术类课程	工程价值观 工程系统观 工程经济观
	精密机械与仪器类课程	工程价值观 工程系统观 工程社会观 工程经济观 工程文化观 工程安全观 工程环境观 工程道德观 工程法律观
	数字图像采集与处理类课程	
	智能化应用技术类课程	
	仪器仪表与综合测试类课程	
实践课	电子技术基础类实践课程	工程价值观 工程系统观 工程社会观 工程经济观 工程文化观 工程安全观 工程环境观 工程道德观 工程法律观
	计算机技术应用类实践课程	
	仪器仪表类实践课程	
	测控系统类实践课程	
	机械及船舶实践类课程	

第三节　测控技术与仪器专业课程思政教学的方法

一、课程思政元素在课程大纲中的体现

课程教学环节是课程思政实施的重要环节。专业从顶层设计角度制定了专业课程思政教学的总体目标和原则，课程负责人需要将具体的课程思政实施方案体现到教学大纲中，才能进一步将思政内容落实到课程教学环节。教学大纲中应明确提出课程思政的要求，对本门课程要表现的思政元素、思政教学的重点、思政教学的方

法以及思政教学内容做出具体的安排，以便任课教师在教学过程中实施。

满足课程思政要求的教学大纲需要涵盖以下几个方面。

设立明确的课程思政目标。课程目标是教学大纲的核心内容，课程目标给教师授课设立了标准，也给学生学习指明了方向。要达到课程思政的教学目的，需要设立与课程内容匹配的思政目标。思政目标的设计可以多样化，同时有深度、有涵义，避免形式单一和过于直白。可从价值观、工程伦理、人文素养、科学精神等方面出发，综合考虑课程内容与社会、环境、法律、标准规范、人文文化、可持续发展等的关联，深入挖掘其内涵，设计可衡量评价的思政目标。

课程教学内容要有支撑思政目标达成的思政元素。在各章节的教学内容中，明确思政元素内容所在的知识点，思政元素的要点和教学要点。

在平时作业、课程报告、课程设计、实验等考核环节中，设计课程思政考核内容，让学生不仅能解答理论问题或实现技术问题，还能开拓思维，思考问题的解决方案涉及哪些非技术层面的因素并给出分析和解答，启发学生的思政思维，促进课程思政目标的达成。

在各项考核方式的评分标准中，明确给出课程思政目标所占的成绩比例。

二、课程思政元素在课程教学中的表现方式

在课程教学环节中展现课程思政内容和元素，是课程思政实施的重点和难点。需研究和设计多种教学模式和方法，充分利用先进的网络和多媒体教学载体，让课程思政元素的展现方式更自然、有趣且能启发学生思考。可根据课程教学内容和思政元素的特点选择人物传记、历史故事、研究成果和工程案例、工作场景等素材，展现形式包括图片、视频、多媒体等。不同的课程可针对不同的思政元素开展教学。

（一）启发式教学

通过启发式教学培养学生对未知的探索、对真理的追求、对科学的热爱，激发学生科技报国的责任感和使命感。在课程思政教学中，将马克思主义立场观点方法融入教育与科学精神之中，提高学生对问题的认知及分析能力。改变以往教师讲授为主导的授课形式，引导学生带着问题思考、学习、研究。通过启发式教学，促使学生主动地认知、认同、内化，使学生从被动学习转为主动学习，主动付诸实践，

从而对其思想状态产生良性影响。

（二）渗透式教学

课程思政可采用灵活生动的渗透式教学方式，避免生硬式植入，可在课程内容的关键环节增加感人有趣的故事，鼓励学生参与互动讨论，将思政元素潜移默化地渗透。避免口号式、说教式的宣讲和讲授。促使学生主动地认知、认同，避免被动地注入、移植、揳入，拒绝填鸭式的宣传教育。

1.应用多媒体

课程中需要表现思政内容时，应用多媒体会有较好的效果。在合适的课堂环节播放课程内容相关的历史发展、应用案例、关键技术突破等视频资料，让学生了解专业领域的最新发展动态，在国民经济发展中发挥的作用等，激发学生的科学精神以及爱国热情。

2.充分利用网络资源中的正能量素材

从丰富的网络资源中，筛选课程相关的素材内容，让学生查阅观看，并在上课时进行讨论，让学生发表观点和看法，教师加以总结和引导，发掘其中的正能量。也可对违反法律法规、不遵守规范造成损失的事件加以评论，让学生体会违反规则带来的危害，在价值观、工程伦理方面予以引导。

3.运用实践教学中的非技术因素教学

在实验、课程设计、实习等实践环节，布置相关的非技术因素内容，包括实践项目所涉及的法律法规、标准规范，项目实施中涉及的工程伦理、社会、文化、环境的影响因素，工程实施部门用户的利益冲突，涉及可持续发展的项目的经济成本和社会成本考虑，遵纪守时、精益求精的态度，爱护公共设施、保护环境的意识等方面的内容，设置相关的考核项和评分标准对学生表现进行评价。

三、课程思政元素在课程教学中的总体设计

课程思政教学需要从思政元素的挖掘、思政内容的融入方法、思政效果的考核方式等方面进行总体设计。

（一）明确思政目标

首先根据课程技术领域特点，参照解决专业复杂工程问题能力培养的非技术

要素以及思政教学要求，明确课程思政目标。思政目标需要涵盖职业规范，社会责任，可持续发展，团队合作，国际视野等素质要素以及家国情怀、工匠精神、奉献精神、法律意识等思政元素。

（二）思政元素融入教学内容的方法

将课程中的具体知识与思政内容有机结合，使课程内容与思政元素无缝链接。

通过专业理论及技术的发展历程，老一辈科学家和工程师攻克难关的案例，激发学生家国情怀和爱国热情，弘扬工匠精神、奉献精神。

关联专业知识与工程伦理，通过专业大型工程以及专业相关产品对人文、环境、公众健康造成影响或伤害的案例，说明在进行工程实践时应遵守的职业操作和道德规范。培养学生的社会责任感、道德观念和法律意识。

关注科技发展动向，展示专业相关的创新成果，培养学生的批判思维和创新能力，使其能够深入思考、分析问题，并提出创新性的解决方案。

专业课程中的实践课程，应安排项目或小组作业，鼓励学生在团队中合作、互助，培养其良好的沟通能力和合作精神，培养学生的团队合作和沟通能力。

（三）设定合适的考核方式评估思政教学效果，持续改进

课程大纲中要设定合适的考核方式，以验证课程思政的教学效果，为持续改进提供依据。可通过课堂表现、课堂讨论、调查问卷、相互评价、课程报告、公共意识、团队合作表现等多种方式进行评价，真实反映学生的思政素质。

第四节　测控技术与仪器专业课程思政教学的评价

一、学生课程思政学习的考核方式和方法

单纯的卷面答题不能反映思政教学的效果。应从多方面、多维度进行考核评价，考核方式包括课程综述、学习总结报告、课程设计报告、问卷调查、主观评价

和互评等，通过综合评价和考核，综合各方面评价结果得出学生的思政评分。

（一）综述报告

一般每门课程都涉及一个特定的技术领域，通过查找文献资料，了解该领域国内外发展状况，并撰写综述报告，可以拓宽学生视野，激发学生的科学精神和爱国热情。报告评分标准提出思政目标的具体分数要求。

（二）课程设计报告

通过课程涉及技术领域的综合项目设计，训练学生运用课程所学知识解决专业领域复杂工程问题的能力，例如完成一套智能仪器或测控系统的方案设计、实物制作、设计报告等要求充分考虑项目涉及的非技术因素，包括设计节能、环保的方案，分析项目实施对环境、社会的影响，是否符合可持续发展、低碳的要求等。设计可以分组进行，考查学生的团队合作精神、奉献精神，在使用实验室及实验器材中是否具有公众意识，是否爱护公共财物，是否注意环境卫生，是否遵守纪律等。按评分标准对以上各项打分，形成思政元素的成绩。

（三）教师主观评价

任课教师根据学生的课堂表现、实践表现、出勤情况、完成作业的情况、诚实守信情况，最终给出学生思政评价得分。

（四）学生自评和第三方评价

采用座谈会、调查问卷等多种形式，通过学生自我评价、学生之间互评、班级干部评价等方式，对学生的思政表现进行评价。

二、教师课程思政教学的考核方式和方法

（一）课程思政教学认识程度考核

通过了解日常教学情况、座谈及资料审查，对教师课程思政教学的认识程度进行考核。主要考核教师对课程思政是否有正确的认识和理解，教师能否正确认识课程思政的必要性、对课程思政的内涵是否有深刻的理解，对课程思政教学是否有充分的重视，是否积极开展课程思政教学方法的研究和探讨，能否清楚表述所授课程

的思政元素内涵以及思政元素在专业思政中的作用。

（二）课程思政教学准备情况考核

教师是否根据教学大纲要求设计课程思政教案，充分挖掘课程的思政元素，对课程教学目标是否有深刻理解，是否明确课程思政元素在教学环节的讲授时间点、教学手段和教学方法，是否有较详细的教案脚本，是否有合理的思政教学考核方案。

（三）教师思政教学过程考核

教师在教学过程中是否充分落实教学大纲和教案中的思政教学内容，教学过程中思政元素是否可和课程内容无缝衔接，不生硬，思政元素是否在理论授课、实验实践等环节均有体现。

（四）教师课程思政教学效果考核

通过课后课程目标达成情况分析，以及学生问卷调查等形式，了解教师课程思政的教学效果，对教师的思政教学效果进行评价。

三、课程思政教学的评价方式和方法

（一）课程大纲是否落实课程思政要求

课程大纲是有明确的思政教学目标，课程教学内容是否包含课程目标要求的思政元素和内容，对思政教学目标是否形成有效支撑，思政教学目标是否有明确的考核方法和评分标准。

（二）教学过程是否落实课程思政内容

重点审查教师教案是否按教学大纲要求落实思政内容，是否有思政元素的教学实施方案，教师的课堂教学过程是否按照课程大纲和教案要求执行，是否将课程思政元素与教学内容融会贯通。

（三）是否制定了课程思政考核评价机制

是否建立了完善的课程思政考核评价体系，是否有专人负责课程思政考核评价；是否提出明确的考核标准，考核标准是否公平、公正，能否真实反映思政教学效果；是否制定课程思政教学参考依据；是否针对课程思政开展了课程评价。

（四）是否建立了课程思政教学的持续改进机制

考察是否建立了课程思政教学的持续改进机制，通过课程评价、总结、研讨交流等方式，对专业课程的思政教学效果进行评估；是否根据评估反馈结果，对专业的课程思政教学效果进行总结；是否根据存在的问题提出改进措施，并在后续教学过程中落实。

第五节　教师开展课程思政教学能力要求与提升

一、教师开展课程思政应具备的条件

（一）任职资格

任课教师至少具有硕士研究生及以上学历，讲师及以上职称，具有班主任经历，接受过至少一次学校及以上单位组织的课程思政的培训。

具有高级职称，如果是中共党员，可以直接认定资格。

未达到上述标准的教师，须旁听具有课程思政资质的教师一轮课程，经专业负责人核准后，可以独立实施课程思政的授课与考核工作。

（二）对思政教师的要求

1. 德才兼备

开展课程思政的教师必须落实"立德树人"的根本任务，教师本人首先应具有较高的政治素质，坚持弘扬和践行社会主义核心价值观，始终坚持中国共产党的领导。做到明辨是非，自觉反对和抵制错误思潮，坚决杜绝一切削弱、歪曲、否定党的领导和我国社会主义制度的言行，杜绝违背党和国家大政方针、违背宪法法律、危害国家安全、破坏民族团结的言行，为人师表，在品德方面做学生的表率。

2. 正确认识

教师应对课程思政有正确的认识，积极参加课程思政教学的研讨和培训，主动开展课程思政教学的探索和研究，学习课程思政的教学方法和技巧，不断提高课程思政教学水平。专业课教师应具备课程思政的主体意识和立德树人的责任意识，清楚课程思政建设的深刻内涵和时代价值，将课程思政建设作为课程建设的内在需求，将思政元素有机融入专业课堂中，帮助大学生形成崇高的理想信念、正确的价值观、坚毅的品质和扎实的学识。

3. 知识渊博

任课教师还应具有渊博的专业知识与高水平的教学技能，能深刻领悟思政要点，洞悉社会时代发展动态。对所授课程所涉及的科学原理及社会影响有深刻的认识，熟悉学科领域的最新发展动向。同时，对马克思主义理论有较深刻的理解，能准确挖掘课程涉及的思政元素，并用恰当的形式和实例展示给学生，用生动形象的语言表达其中深奥的道理。能就专业知识中蕴含的思政问题与学生进行多方位的交流。

4. 深入研究和探索课程思政教学方法

任课教师通过学习相关文件、参与培训和研讨以及教研室教师之间讨论，积极探索将课程思政深度融入专业课程的模式，找到有效的课程思政教学方式和方法，结合最合适的思政元素重新设计课堂教学内容，确保合理准确不生硬；深入研究教学过程的教学技巧，以及把控课堂气氛的方法，达到润物细无声的教学效果。

二、教师开展课程思政教学能力培训

（一）教学研讨和讲座

定期通过教学法活动组织教师进行课程思政的集体学习和研讨，对开展课程思政遇到的问题进行讨论，介绍各自的教学心得和体会，聘请有经验资深教师和专家进行辅导讲座，促进教师课程思政教学水平的提高。

（二）学习和培训

为提升教师课程思政教学能力，将思政课程教学培训纳入新入职教工培训内容。组织专业课程教师去其他高校学习，参加各类思政教学研讨会，学习其他高校的先进经验。通过向思政课程教师学习，提高专业教师的整体思政教学水平。

（三）开展课程思政教学改革项目实践

对于专业课教师来说，思政教学是一个新的概念，贯彻融合思政元素的教学理念是一个渐进的过程。通过鼓励并支持教师参与课程思政类的教学改革项目，引导教师积极开展课程思政教学改革实践行动，让教师在实践活动探索中研究思政教学的规律，不断总结和提高。

（四）对优秀的思政教学教师予以鼓励和奖励

专业每学期开展课程思政教学评优活动，通过专家评价、学生评价和演讲汇报等形式对教师的思政教学成果予以评价，对课程思政教学效果优秀的教师予以奖励，提高教师积极开展课程思政建设的积极性，为专业教师开展思政教学提供优秀的案例。

三、课程思政的制度和机制建设

（一）制度保障

为保证课程思政在专业课程中普遍有效地开展，需要有相应的制度和机制，对课程思政教学提出明确要求，从而使课程思政教育制度化、系统化，有利于课程思政的开展和持续改进。学校在教学计划制订、教学大纲、教学过程、教学质量体系中明确对课程思政的要求，对课程思政教学提出标准和规范，保证各专业能够正常推进课程思政教学活动。

（二）对课程思政建设的全面支持

除制度支持外，对课程思政的教学体系设计、课程设计、课程改革、课程实施、教材建设、教学方法研讨、思政教学竞赛、师资队伍建设等环节给予全面的经费支持。

（三）制订完善的质量监督管理机制

为保障课程思政教学有序进行，不断提高课程思政教学效果和质量，需建立思政教学效果的监督和评价管理机制。一方面，通过教学大纲、教案、课程PPT等教学文件评估教学设计和教学准备情况，另一方面，通过督导听课、教师互听、学生评价等方式对教学过程和成果进行评价，有效促进课程思政教学水平的不断提高。

（四）奖励机制

对积极开展课程思政教学，教学效果好的教师给予奖励，并作为年度评优、绩效考核中的标准之一，同时，在教师职称晋升、岗位聘任时作为优先条件予以考虑。

第七章　机械设计制造及其自动化专业课程思政教学工作指引

第一节　绪论

一、机械设计制造及其自动化专业课程思政的现实性

在工业4.0浪潮的推动下，我国传统机械制造业面临产业转型和升级。新质生产力的提出进一步要求机械制造业在创新驱动下高质量发展。建设制造强国，亟须新时代的机械设计制造及其自动化专业培养德才兼备的创新型人才。

大连海事大学是具有鲜明航运特色的高校，以"造就业界精英、社会栋梁，服务交通强国、海洋强国建设"为使命，培养传承海洋蓝色基因，促进新型海洋经济产业发展的高素质人才。

大连海事大学机械设计制造及其自动化专业获批国家级一流本科专业建设点，已经通过国家工程教育专业认证。基于（OBE）的课程体系特别关注学生的非技术能力，注重培养学生在解决复杂机械工程问题时的科研精神与创新思维，要求学生考虑机械工程对社会和可持续发展的影响，遵守工程师职业规范，承担社会

责任。

以课程为载体的思政教学，对落实立德树人根本任务，建设具有海事特色的机械设计制造及其自动化一流专业具有重要的现实意义。

二、机械设计制造及其自动化专业课程思政教学的目标和原则

（一）课程思政教学目标

通过实施培养计划中的专业课程教学，提高学生正确认识问题、分析问题和解决问题的能力，寓价值观引导于知识传授和能力培养之中，使学生在解决机械领域的复杂工程问题时，具备高度的社会责任感和职业道德，德智体美劳全面发展，能在实践中考虑和评价机械工程解决方案对社会、健康、安全、法律、文化、环境及可持续发展等方面的影响，富有创新精神和家国情怀。

（二）课程思政教学的主要原则

1.任课教师应言传身教

课程思政首先是对任课教师的思政，要求教师具备内化的思政素养，不能只对学生大谈思政，而自己却在行动中违背思政，为了思政而思政，导致课程思政"标签化"，教学效果适得其反。教师在教学、科研活动中应做到兢兢业业，恪守学术规范，诚实守信，富有社会责任感，在优化机械设计方案和制定加工制造工艺过程中勇于创新，追求卓越，精益求精，能考虑人民的健康、安全和福祉，为学生树立典范。学生在教师的言传身教之下，提高正确发现问题、分析问题和解决问题的能力，认识到在生活中以及解决机械工程领域的问题时，什么是工匠精神，应当追求怎样的工程价值，遵守哪些职业道德和规范。

2.课程思政教学与工程教育专业认证相结合

课程思政是一种新的教育理念，也是一种教学方法。专业通过了国家的工程认证，在人才培养的全过程遵循"以学生为中心，以产出为导向，持续改进"的理念。《工程教育认证标准（2022年版）》所规定的毕业要求中，毕业要求3"设计解决方案"和毕业要求4"科学研究"，这两条涵盖了创新思维和科学思维能力的要求，毕业要求6"工程与社会"、毕业要求7"环境与可持续发展"、毕业要求8"职业规范"、毕业要求12"终身学习"等四条毕业要求，其内涵也是课程思政。因此，

任课教师在课程大纲修订、课堂教学、考核、持续改进等教学环节要将两种理念相结合，不应把课程思政视为额外的教学负担。

3.恰当选取教学案例

我国机械工程专业包含的学科方向多、知识领域广，进入21世纪，中国机械制造业的发展迅猛，为机械设计制造及其自动化专业的专业基础课和专业课教学提供了丰富的工程案例。因此，教师需要多花工夫，广泛搜集与授课内容相关的案例。选择的教学案例应既能体现机械专业的科学和技术知识，又蕴含正确的价值观，既利于课堂教学，又便于课程考核评价，做到显性教育与隐性教育相统一，实现知识、能力、价值的融合，润物无声，避免专业知识和课程思政内容"两张皮"。

4.设计合理的实践环节

有的教师认为，课程思政教学是塑造学生价值观的过程，具有内化的特点，不易考核评价教学效果。其实，机械设计制造及其自动化专业是与工程实际紧密联系不可分割的，对实践性要求非常强。无论是专业技术知识，还是课程思政所培养的价值观，都需要在实践中强化和升华。因此，教师在教学设计时，可以考虑理论和实践相结合，通过实验、课程设计、创新设计、参观实习、小论文、进科研实验室等教学活动，增加学生实践的机会，逐步树立学生的工程伦理意识和价值观，将课程思政的内容融入学生的头脑。

第二节　机械设计制造及其自动化专业课程思政的内涵、思政元素及其与课程目标的融合

一、课程思政的内涵

《高等学校课程思政建设指导纲要》明确指出工学类专业课程"要在课程教学中把马克思主义立场观点方法的教育与科学精神的培养结合起来，提高学生正确认识问题、分析问题和解决问题的能力""要注重强化学生工程伦理教育，培养学生

精益求精的大国工匠精神，激发学生科技报国的家国情怀和使命担当"。

工程伦理是指在工程实践中处理人与人、人与社会、人与自然等关系的"正当行事"的规范，属于工程学、伦理学以及社会学交叉的学科。

考虑到工程教育专业认证的要求，机械设计制造及其自动化专业的课程思政内涵可以表述为：在解决机械领域的复杂工程问题时，学生要有创新意识和追求卓越的精神，把公众的健康、安全和福祉放在首位，在机械装备的规划、设计、制造、使用、报废的全生命周期过程中，从经济、文化、法律、环境与可持续发展、职业规范等多个维度来分析和解决机械工程问题，具有科技报国的家国情怀和使命担当，实现价值、知识、能力三位一体的培养。

二、课程的思政元素

课程思政元素是课程思政内涵的体现，是机械工程科学和技术与社会、经济、健康、安全、法律、文化、环境以及职业道德、规范相结合的产物。结合机械设计制造及其自动化专业《大连海事机械设计制造及其自动化专业培养计划》（2021版）方案，本专业的课程体系可以挖掘以下课程思政元素。

（一）机械创新能力

培养学生的批判性、逻辑性、系统性思维，鼓励学生质疑现有观点和假设，鼓励学生探索新的想法和解决方案，不拘泥于传统思维模式，从机械工程中的人、机、物、法、环等多角度分析问题。可以通过基础类、专业类、设计类、实践类、参与科研项目或者科创竞赛等课程环节，培养学生的创新能力。

（二）工匠精神

在完成机械产品的结构设计、加工工艺、控制方案等过程时，对工作专注和持续投入，精益求精，注重细节，追求完美。可以通过实习类、课程设计、毕业设计、实验、科研项目等课程环节，培养学生的工匠精神。

（三）公众的健康、安全与福祉

在开发机械产品时，应关注如何给用户、公众带来好的价值以改善生活质量，要考虑产品是否影响人的健康，是否会危害人身安全和财产安全。由于机械工程学科发展迅速，技术日新月异，新技术具有不确定性，个人对技术、技能的掌握程度有差别，因此，将机械技术应用于工程实践时，要首先考虑公众的健康、安全和福祉。

（四）经济

应考虑机械产品在开发或购置过程中的投入成本、经济效益，以及使用和运维过程中的运营成本、经济效益，以实现成本效益最大化和资源优化配置。可以通过专业类、实践类课程，培养学生的成本效益分析能力。

（五）文化

设计机械产品时要考虑用户的文化背景，如风俗习惯、禁忌、宗教等因素，还要考虑机械产品能否产生对公众有益的文化价值。在实践操作中强调安全规范，培养学生的安全意识和自我保护能力。可以通过专业类、实践类课程，培养学生的文化观念。

（六）法律法规

设计机械产品时应考虑国家和地方的产业政策、法律法规、标准规范等约束性条件。可以通过基础类、专业类、实践类课程，培养学生的法律观念。

（七）环境与可持续发展

强调在设计和制造过程中考虑是否会污染环境，是否节约材料和能源，是否有助于提高资源利用效率，是否符合碳达峰碳中和的要求，使学生具备环保意识和可持续发展观念。可以通过专业类、实践类课程，培养学生的环境观。

（八）职业道德

本专业大多数学生毕业后将成为机械工程师，在职业活动中应保持诚实，不欺骗、不隐瞒，遵守承诺，对公司、公众要尽职尽责。可以通过实习实践类课程，培养学生的职业道德和责任感。

（九）家国情怀与使命担当

我国是机械制造业大国，培养学生对国家的热爱和对民族文化的认同，增强民族自豪感和归属感。鼓励他们在新时代勇于担当，积极作为。激发学生为实现中华民族伟大复兴的中国梦而努力学习、工作的热情。可以通过基础类、专业类、实践类课程，培养学生的家国情怀与使命担当。

本专业的课程体系可分为数学与自然科学类课程、工程基础类课程与专业基础及专业类课程、工程实践与毕业设计、人文社会科学类课程四大类。本章仅就机械工程系教师承担的专业基础及专业类课程、工程实践与毕业设计进行课程思政元素分析。结合当前我国机械装备制造行业转型升级需求及智能制造发展趋势，各门课程包含但不限于表7-1所列举的课程思政元素。

表7-1 机械设计制造及其自动化专业课程思政元素

课程类别	课程名称	课程思政元素
专业基础类	画法几何及机械制图（1） 画法几何及机械制图（2） 专业导论（机械类） 机械制造工程学 机械原理 机械设计 机械工程材料与成型技术 机械互换性与测量 机械工程控制基础 液压传动 机械工程测试技术 机械系统嵌入式控制 气动系统设计 数控技术 工程项目管理	机械创新能力，家国情怀与使命担当，法律法规，经济，文化，公众的健康、安全与福祉
专业类	有限元分析及应用 机电系统PLC控制技术 机械CAD/CAM技术 现代设计技术 机械制造装备设计 海洋机电液装备设计 机电一体化系统设计 机电传动与控制 先进制造技术 机器人技术基础 机械系统动力学 机械系统故障诊断 智能制造概论	机械创新能力，家国情怀与使命担当，法律法规，经济，文化，公众的健康、安全与福祉，环境与可持续发展

续表

课程类别	课程名称	课程思政元素
工程实践类	机械创新实践 特种加工工程实践 液压与气动课程设计 专业方向实习 机械工程控制基础实验 大学物理实验 机械基础实验（机械原理） 机械基础实验（机械设计） 机械原理课程设计 机械设计课程设计 金工实习 机械认识实习 机械 CAD 三维建模 电工电子实习 机电综合实验 CAD/CAE 综合课程设计	机械创新能力，家国情怀与使命担当，法律法规，经济，公众的健康、安全与福祉，环境与可持续发展，工匠精神，职业道德
毕业设计	毕业实习及毕业论文	机械创新能力，法律法规，经济，公众的健康、安全与福祉，环境与可持续发展，工匠精神

三、课程思政与课程教学目标的融合

课程教学目标是教学产出，即学生的学习成果。按照布鲁姆教育目标分类法，教学目标可以分为知识目标，能力目标，价值目标。知识目标是对事物的基本认知，弄清楚事物"是什么"，能力目标是如何改造事物，弄清楚"怎么做"，价值目标是价值判断，弄清楚是否"应该做"。课程思政是价值观的培养，是知识和能力的升华，也属于课程教学目标。

机械设计制造及其自动化专业培养方案课程体系中，每门课程的教学大纲都分别制定了该课程的知识、能力及价值目标。价值目标体现着课程思政元素所蕴含的价值。应该注意，课程思政所引导的价值目标不是贴到知识和能力教学上的"标签"，而是融到知识和能力培养中，是学生情感的提升。

在OBE的教学理念下，课程思政与课程教学目标融合的方法如下.

分析课程教学目标中的价值目标，找出支撑该目标的课程思政元素。

分析课程教学目标中的知识目标和能力目标与课程思政元素之间的联系，找出与课程思政元素关联度最高的知识点。

以恰当的方式将每个课程思政元素融入相应的知识点。融入的方式可以是纵向历史对比、横向国情对比、时事热点跟踪、教学内容联想、学科专业典故、反面教材警示、实践启发探究、科研项目讨论、专家讲座等。

第三节 机械设计制造及其自动化专业课程思政教学的方法

一、课程思政元素在课程大纲中的体现

课程大纲规定了一门课程的各个教学环节，是课程教学的纲领性文件。课程思政不是在传统教学大纲基础上增加一些与思政相关的"词语"，而是在理解课程思政内涵的基础上，将思政元素融入教学大纲的各个部分。

机械设计制造及其自动化专业通过了工程教育专业认证，教学质量控制机制采用"学生中心、产出导向、持续改进"的教育教学理念。基于此，课程教学大纲的主要部分都应围绕支撑本专业学生的学习产出进行描述。课程思政作为每门专业课程的教学目标之一，应该体现在教学大纲的课程目标、教学内容、考核环节、评分标准等各主体部分。

课程目标应该明确包含价值目标。价值目标可以单独作为一个课程目标列出，也可以融入知识和能力目标之中。

教学内容应蕴含课程思政元素。对于机械专业的课程，由于课程内容及其性质、工程应用背景等的不同，思政元素可以是显性的，也可以隐性的。蕴含课程思政元素的教学学时比例也因课而变。

考核环节包括作业、随堂测试、考试、小论文、实验等，应该在适当的环节体现思政元素。可以通过定量的设计、计算、制作、实验等考核思政元素，也可以通

过定性的小论文、调查问卷等形式考核思政元素。

评分标准应能衡量课程思政目标是否达成。课程思政元素可以融入知识、能力目标中一起评定等级，也可以单独评定，可以是定量的分数，也可以是定性的等级制评分。

二、课程思政元素在课程教学中的表现方式

不同课程的课堂教学，都要有机地融入思政元素，让价值引导的成分在课程设计和课堂教学中如盐在水，达到春风化雨、润物无声的育人效果。教师可以采用以下方式进行课程思政教学。

（一）案例教学法

案例教学是将教学内容置于实际机械工程情境之下，让学生把自己纳入案例场景，通过教师讲解、学生讨论研讨进行学习。教师可以提炼自己的科研项目，抽出恰当的内容，也可以列举成熟的工程项目。专业近年来在救助与打捞装备研发、润滑理论与设计、流体传动与控制、先进制造等领域承担了很多纵向和横向科研项目，其中蕴含着创新、文化、健康、安全、经济、法律、可持续发展等思政元素，专业教师可以挖掘思政元素，提炼出教学案例。另外，我国的装备制造业发展迅速，有不少现成的体现工程伦理的多媒体素材可以作为案例。

（二）翻转课堂式教学法

翻转课堂式教学模式是指学生在课前或课外观看教师的视频讲解，自主学习，教师不再占用课堂时间来讲授知识，课堂变成了老师与学生之间、学生与学生之间互动的场所。例如，课前让学生分成小组，查阅我国机床的发展历史和现状，了解我国的机械装备制造业水平，并制作讲稿，课上由学生演示，教师和学生提问、讨论，从而树立学生的家国情怀和使命感。

（三）项目式教学法

项目式教学是在整个课程教学过程或者某一阶段，以项目为主线、教师为引导、学生为主体，学生主动参与、自主协作、探索创新。所提出的项目，应该包含机械工程中的工程伦理要素。随着课程教学的开展和项目的推进，学生可以体验课

程思政的重要性。例如，针对气动系统设计教学的前三章内容，可以设置项目"大连海事大学机电楼气源压缩机泵站设计"，学生边学习课程边查阅文献，设计出考虑环境、安全、健康、社会、经济等因素的气源装置。

（四）实践式教学法

对机械设计制造及其自动化专业而言，实践式教学法主要指动手制作样机和企业生产现场教学。大连海事大学机械工程系已经建立了机械创新实践工作室，具备基本的机械加工能力，拥有了较好的实践场所。各门课程可以根据需要，让学生设计、制作零部件或者简单的装置。另外，本专业和大连本地企业建立了教学实践基地。"纸上得来终觉浅，绝知此事要躬行"，通过动手实践和企业生产现场教学，可以很好地培养学生的职业规范、工匠精神、劳动观念、可持续发展理念，树立安全意识。

三、课程思政元素在课程教学中的总体设计

按照工程专业认证的理念逻辑，每门课程的教学目标都应支撑毕业要求的达成，且可落实、可考核、可评价。机械设计制造及其自动化专业每门专业课程的价值目标支撑本专业总的课程思政教学目标，这个价值目标由课程思政元素落实在具体的课堂教学之中，也是可考核和评价的。

课程负责人应组织任课教师研究课程思政元素在课程教学中的总体设计，综合考虑思政元素的挖掘、传授、考核评价，做到有机统一。

课程思政应按照课程大纲所规定价值目标进行教学，不可随意增减课程思政元素，否则会影响专业课程体系毕业要求的达成，影响总的课程思政教学目标实现。

课程思政元素与具体的知识点融合。但并非每个知识点都要切入课程思政元素，也不要求每节课都要讲课程思政。一定要消除"思政"会冲淡专业教学的思想顾虑和误解。

课程思政元素的教学方式不是一成不变的。根据每届学生的学情、新案例的收集、教师思政水平的提升等因素，可以灵活调整。

课程思政教学也需要持续改进。在完成每学期的课程教学之后，收集考核数据，形成课程目标达成情况报告。根据价值目标的达成情况，持续改进课程思政的教学方法。

第四节　机械设计制造及其自动化专业课程思政教学的评价

一、学生课程思政学习的考核方式和方法

学生课程思政学习的考核方式可以采用作业、随堂测试、期末考试、小论文、实验等形式，应该在适当的环节体现思政元素。可以通过机械结构的定量设计、计算、制作、实验等考核思政元素，也可通过定性的小论文、调查问卷等形式考核思政元素。

二、教师课程思政教学的考核方式和方法

设立课程教学评价小组。由该小组在每学期结束时考核本专业教师的课程思政教学情况，考核结果反馈给教师本人作为持续改进教学方法的依据，同时上报学院作为年终绩效考核的内容。考核方法如下。

（一）课程教学资料是否包含课程思政教学内容

审查任课教师的课程教学大纲、教案、作业、试卷等教学资料。教学大纲中课程目标是否涵盖了课程思政元素，教案的教学设计是否适合于开展思政教学，考核环节是否包含了课程思政元素。

（二）教师课程思政教学能力考核

向学生发放调查问卷，对教师课程思政元素融入方式、理论授课水平或实践组织等情况进行调查，由学生的反馈结果考核教师的教学能力。

（三）教师课程思政教学效果的考核

通过任课教师所授课程的学生成绩单以及《课程目标达成情况报告》，调查学生对课程思政元素的学习效果，从而评价该教师的课程思政教学效果。

三、课程思政教学的评价方式和方法

以产出为导向，由机械设计制造及其自动化专业建设委员会从以下几个角度对专业层面的课程思政教学进行评价。

（一）专业培养计划的课程思政元素评价

培养计划中培养目标是否有对培养人才价值观的合理描述，毕业要求中是否反映工程伦理要素的要求，课程体系是否能支撑毕业要求中的课程思政元素。

（二）课程思政教学质量的评价

审核教学大纲是否有课程思政教学目标，课程内容能否反映课程思政元素，教学方法是否适合于课程思政教学，课程思政考核方式是否合理；审查《课程目标达成情况报告》中课程思政目标是否达成；每届毕业生的毕业要求中的课程思政指标点是否达成；是否从专业角度对课程思政教学进行了持续改进。

第五节　教师开展课程思政教学能力要求与提升

一、教师开展课程思政应具备的条件

本专业教师开展课程思政教学应具备以下条件。

具有较高的政治素养和立德树人教育教学责任心。

具有一定的人文社科知识，掌握基本的工程伦理知识，能够挖掘专业课程中的思政元素。

具有机械工程实践经历，了解实际机械设计、制造的基本过程。

二、教师课程思政教学能力培训

本专业教师应通过以下方式进行课程思政教学能力培训。

参加线上和线下的课程思政教学能力培训班。

通过参加学术会议或者访问兄弟院校，与有经验的教师进行课程思政教学经验交流。

到本校的专业课教学课堂进行现场观摩学习。

到企业进行实际生产实习，了解工程实际中的工程伦理问题。

三、课程思政的制度和机制建设

教师参与课程思政建设情况和教学效果作为教师考核评价、岗位聘用、评优奖励、选拔培训的重要内容。

在教学成果奖、教材奖等各类成果的表彰奖励工作中，突出课程思政要求，加大对课程思政建设优秀成果的支持力度。

第八章　能源与动力工程专业课程思政教学工作指引

第一节　绪论

一、能源与动力工程专业课程思政的现实性

能源，不仅是现代工业的血液，也是人类正常生活得以维持的基石。回顾人类发展史，人类经历了三个能源纪如图8-1所示。人类早期靠草木能源赖以生存，并以此到达农耕文明的巅峰。草木生长受地域限制且每年生长数量有限，这个时代人们随草而居，一个村庄或城市，需要人群聚落面积30到50倍的草木，以支持其能源消耗。城市规模顶峰人口约100万。200多年前，瓦特发明了蒸汽机，通过烧煤将水变成蒸汽，蒸汽驱动机器替代人做粗笨费力的工作，于是开启了工业革命，以化石为主要能源的纪元开始了。化石能源的利用和生机蓬勃的科技创新，让人类享受到空前的繁荣和富足，世界人口规模和人均国内生产总值都迅速增长。化石能源的基本转化过程，是首先使其燃烧成为热能，人或机器要么直接用其热能、要么转化为动能再利用。过程中大部分热量会被浪费掉，同时产生了很多副作用，如污染、全球

变暖等。化石和核裂变能源都是有限资源。未来，可持续的新能源，如太阳能、地热/海洋热、自然机械能（风能、潮汐以及其他自然机械能）等，将逐渐取代化石能源成为支撑社会运转和人们生活的主力，新的能源革命已经波澜壮阔地展开。

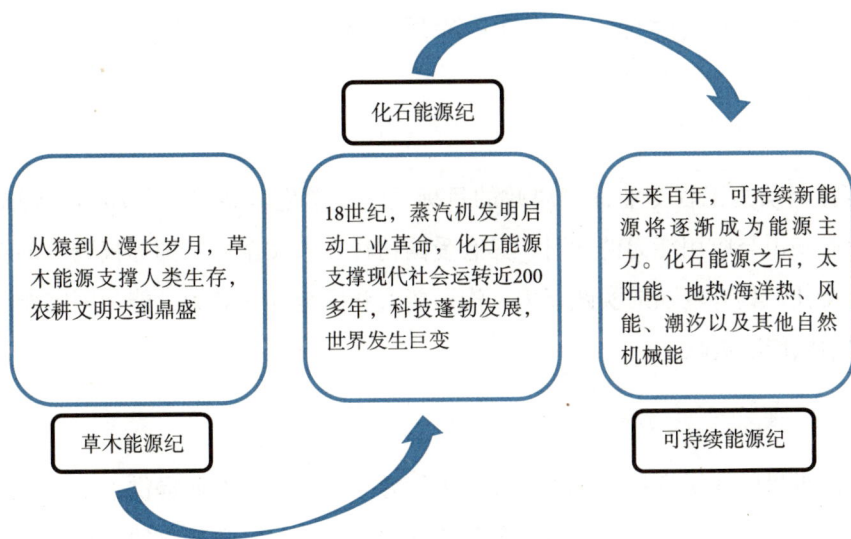

化石能源纪

从猿到人漫长岁月，草木能源支撑人类生存，农耕文明达到鼎盛

18世纪，蒸汽机发明启动工业革命，化石能源支撑现代社会运转近200多年，科技蓬勃发展，世界发生巨变

未来百年，可持续新能源将逐渐成为能源主力。化石能源之后，太阳能、地热/海洋热、风能、潮汐以及其他自然机械能

草木能源纪

可持续能源纪

图8-1　人类的三个能源纪

2020年9月22日，习近平主席在第七十五届联合国大会一般性辩论上向世界庄严宣布："中国将提高国家自主贡献力度，采取更加有力的政策和措施，二氧化碳排放力争于2030年前达到峰值，努力争取2060年前实现碳中和。"我国实现"双碳"目标面临三个挑战。一是国际压力大。发达国家碳排放已经处于下降阶段，我国仍处在上升阶段。二是碳排放需求大。目前全世界每年总共排放400亿吨二氧化碳，我国大约占四分之一，即100亿吨左右。另外，作为发展中国家及制造业大国，我国在未来的发展中仍有较大的碳排放需求。三是时间短。30年时间实现碳中和，短于发达国家碳中和所需时间，任务重，挑战大。在未来三十多年的发展进程中，如何逐步摆脱对化石燃料的依赖，真正进入可持续新能源纪，对于我们国家而言，将是一项十分严峻的挑战。

新能源革命的到来和"双碳"目标的提出，都对中国能源与动力工程专业的人才培养提出新的迫切要求。能源的转型带来的是能源与动力工程专业知识的变化，需要对能源与动力工程专业的知识体系进行优化。同时，能源变革中充满国与国之间的博弈。科学没有国界，但科学家有国界。因此，需要在人才培养中加强爱国情怀的教育。摆在我们面前的迫切问题是如何适应新的国家能源重大需求，为国家培养既具有能源新知识，又拥有爱国情怀的能源与动力工程专业人才。当下，开展能源与动力工程专业课程思政教学方法研究意义重大，且影响深远。

二、能源与动力工程专业课程思政教学的目标和原则

（一）课程思政教学目标

能源与动力工程专业课程思政的目标是，让学生具备能源与动力工程基础理论、专业知识与应用能力的同时，具有爱国情怀、人文素养、国际视野、创新精神和社会责任，具有较强的实践能力、沟通能力和安全环保意识，能为国家能源与动力工程领域作出贡献。

（二）课程思政教学的主要原则

目前世界的能源变革和大国交锋，为能源与动力工程专业提供了丰富的思政教育元素，但这不能天然保证在本专业各课程中开展课程思政教育的成功。仍需要教师注意以下教学原则，防止思政教育与专业知识学习"两层皮"的现象。

1.实事求是

课程思政不是每堂课机械、教条地安排思政教育内容，而是在尊重课程自身建设规律的前提下，结合各门课程特点，挖掘课程育人元素，包括正确的政治导向、社会主义核心价值观教育、远大理想塑造、健康心态培育、道德品质培养等。

2.创新思维

课程思政所展现的是一种创新思维，强调在思想政治理论课以外的课程中融入思想政治教育，这是以前的思想政治教育未曾关注的。在课程思政建设的具体过程中，需要创新思维，以新思维催生新思路，以新思路谋求新发展，以新发展推动新方法，以新方法解决新问题，实现课程思政的创新发展。

3.突出重点

课程思政教学要求教师对课程的全部理论内容有全面、深入、透彻的理解，对课程所涉及的主要能力要求能够全面、牢固地掌握。这样才能在具体讲授每一堂课时，将思政教育有效地结合重点内容，恰当地把握重点内容与思政教育的内在联系，保证课程思政的育人效果。

4.注重实效

根据课程的知识体系和教学大纲，做好课程思政教学目标、教学内容、教学方法等的设计。通过深入挖掘，将政治信仰、价值取向、理想信念、社会责任、道德品质等育人元素有机地融入课程教学的全过程。注重课程思政教学方法创新，即灌输与渗透、理论与实际、历史与现实、显性与隐性相结合，确保课程思政教育的实效性。

第二节　能源与动力工程专业课程思政的内涵、思政元素及其与课程目标的融合

一、课程思政的内涵

课程思政要求将"做人做事的基本道理、社会主义核心价值观的要求、实现民族复兴的理想和责任"的总要求融入各类课程和教育教学全过程、各方面，在立德树人上实现同向同行。能源与动力工程专业课程思政的内涵在于将思政教育与能源与动力工程专业知识传授相融合，旨在培养具备高度社会责任感、正确价值观和道德观念的专业人才，通过引导学生在学习能源与动力工程知识的同时，关注社会责任、环境保护和可持续发展，为其未来职业生涯奠定坚实的思想道德基础。

二、课程的思政元素

准确地理解和把握课程的思政元素，是课程思政教育的基础。针对能源与动力工程专业的人才培养目标和专业特色，可以从三个方面理解把握。

从社会主义核心价值观"富强、民主、文明、和谐；自由、平等、公正、法治；爱国、敬业、诚信、友善"理解和把握课程的思政元素。

从"政治认同、家国情怀、科学精神、文化素养、法治意识、道德修养、生态文明、全球视野"等理解和把握课程的思政元素。

能源与动力工程专业课程的思政元素应是其工程科学和技术与社会、经济、法律、文化、环境等相结合的产物，应是解决能源与动力工程领域复杂工程技术问题时应坚持的思维、精神、观念。从这个角度理解和把握课程思政元素，应涵盖工程价值观、工程系统观、工程社会观、工程经济观、工程文化观、工程安全观、工程环境观、工程道德观、工程法律观。

（一）工程价值观

资源高效利用。能源与动力工程的核心在于如何安全、清洁、高效地转换能源，这体现了工程价值观中对于资源优化利用的追求。其中强调节能意识。例如，在设计热力系统时，通过优化系统配置和提高能源转换效率，减少能源在转换和传输过程中的损失。这种节能意识不仅体现了工程师对资源的珍视，也体现了社会责任。

可持续发展。在追求能源转换效率的同时，注重可持续发展，减少对环境的影响，体现了工程价值观中对于人与自然和谐共生的追求。

（二）工程系统观

系统优化。能源与动力工程系统是一个复杂的系统，由多个子系统和组件构成。在设计和优化系统时，需要全面考虑各个部分之间的相互作用和关联，追求系统的整体最优。例如，在热发电系统中，需要综合考虑锅炉、汽轮机、发电机等多个设备之间的匹配和协调，以实现整个系统的高效运行。

协同合作。能源与动力工程系统的各个部分需要协同工作，才能达到最佳效果。这要求工程师具备全局观念和协作精神，能够与其他团队成员和部门进行有效的沟通和合作。例如，在电力系统中，发电、输电、配电等各个环节需要紧密配合，确保电能的稳定供应。这体现了工程系统观中对于协同合作的重视。

（三）工程社会观

社会责任。能源与动力工程领域的发展对于社会经济、环境等方面有着重要影响。工程师在设计、建设和运营过程中，需要充分考虑项目对社会、经济和环境的影响，积极承担社会责任。例如，在规划新的能源项目时，应评估其对当地居民生活、就业以及生态环境的潜在影响，并采取相应措施以减少负面影响。

公众利益维护。能源与动力工程的建设和运营应服务于广大民众，确保公共利益的最大化。工程师需时刻关注公众需求，确保工程项目满足社会发展的需要，提高民众生活质量。例如，在电力系统规划中，应优先考虑保障居民用电需求，确保电力系统的稳定和安全。

（四）工程经济观

成本效益分析。在能源与动力工程项目中，需要进行成本效益分析，确保项目在经济效益上具备竞争力。例如，在开发新能源项目时，工程师需通过技术创新和管理优化，降低项目成本，提高能源转换效率，以实现项目的经济效益最大化。在追求经济效益的同时，工程师还需充分考虑项目的社会效益。这包括项目对当地经济发展的贡献、对环境保护的促进作用以及对居民生活质量的提升等。例如，在推动清洁能源项目时，工程师应评估项目对减少污染排放、改善生态环境等方面的贡献，以实现经济效益与社会效益的统一。

可持续发展经济。追求长期稳定的经济发展，而不是短期的经济利益。这体现了工程经济观中对于可持续发展的追求。

（五）工程文化观

工程文化观主要体现在尊重传统文化、包容多元文化以及追求创新文化三方面。

尊重传统文化。在能源与动力工程领域，工程师可以挖掘和弘扬中华优秀传统文化中与工程相关的元素，如古代水利工程、建筑技术等。这有助于增强文化自信，同时为现代工程提供灵感和借鉴。

包容多元文化。在工程项目中，可能会涉及不同国家和地区的技术、标准和规范。工程师需要具备开放的心态和包容的精神，积极吸收和借鉴不同文化背景下的技术和经验，实现多元文化的融合和创新。

追求创新文化。创新是能源与动力工程行业发展的关键动力。工程师应具备创新精神，不断探索新技术、方法和理念，为行业的发展注入新的活力。

（六）工程安全观

安全第一。在能源与动力工程中，安全始终被放在首位。无论是设计、施工还是运营阶段，都必须严格遵守安全规范和标准，确保人员和设施的安全。这种安全意识体现了工程师对生命和财产的尊重，以及对社会责任的担当。

预防为主。采取预防措施，避免事故的发生。这体现了工程安全观中对于预防的重视。

（七）工程环境观

环境保护。工程师应具备强烈的环保意识，将环境保护作为工程设计和施工的重要考虑因素；追求可持续发展，注重资源的节约和高效利用，积极推广和应用清洁能源；严格遵守国家和地方的环境保护法规，确保工程活动不对环境造成负面影响。

生态平衡。追求工程活动与自然环境的和谐共生。

（八）工程道德观

职业道德。工程师在工作中应坚守诚信原则，不夸大或虚构数据，确保所提供的信息真实可靠。例如，在工程项目报告中，应准确反映实验数据、测试结果，避免任何形式的造假。另外，工程师应熟知并严格遵守工程行业的职业规范，包括遵循设计标准和施工规范。通过遵循这些规范，工程师能够确保工程质量和安全。

社会正义。在能源与动力工程领域，应优先考虑公众的安全需要，维护公众利益，减少工程项目对周边环境和社区的不利影响，如降低噪声、减少污染等。

（九）工程法律观

遵守法律。在能源与动力工程的设计、施工和运营过程中，工程师必须严格遵循国家和地方的相关法律法规，同时应严格履行合同义务，确保项目按时、按质、按量完成。对于因自身原因导致的项目延期、质量问题等，工程师应主动承担责任，采取补救措施，并依法进行赔偿。

法律风险预防。在工程活动中，需要预防法律风险，避免违法行为带来不良后果。

上述观念在能源与动力工程领域相互交织、相互影响，共同构成了工程师在从事相关工作时应遵循的基本原则。能源与动力工程专业的思政元素应体现这些观念。

三、课程思政与课程教学目标的融合

能源与动力工程专业课程思政元素的融入，旨在培养学生的家国情怀、社会责任感、创新精神及正确价值观。通过课程讲解、实践教学、案例分析、社会实践等多个方面的结合，让学生在掌握专业知识的同时，树立正确的价值观和职业观。

能源与动力工程专业培养方案中的课程可分为四类。一是通识教育类课程，包括思想政治类、军事体育类、心理健康、创新创业、职业规划与就业指导类。二是专业基础类课程，包括工程热力学、工程流体力学、传热学、燃烧理论基础、气体动力学、机械原理、金属工艺学等。三是专业核心类课程，包括制冷原理与设备、汽轮机原理、内燃机原理、燃气轮机原理、热泵、人工环境与空气调节、新能源与可持续发展、换热器原理与设计、制冷装置设计与自动化、动力机械调节与控制、低温技术与应用等。四是专业实践类课程，包括微小型动力\制冷装置设计与实践、叶轮机械设计与实验、认识实习、金工实习、专业综合实习、生产实习、毕业设计等。

专业课程教学目标的制定要能实现课程思政的三个目标。

知识与技能目标。在传授能源与动力工程专业知识和技能的同时，注重融入相关的思政元素，如环境保护可持续发展等。

过程与方法目标。通过引导学生参与实验、实践、案例分析等活动，培养他们分析问题和解决问题的能力，同时强调团队合作、创新思维等思政素质的培养。

情感、态度与价值观目标。将课程思政中的家国情怀、社会责任感等融入教学目标中，使学生在学习专业知识的同时，形成正确的世界观、人生观和价值观。

为实现上述三个目标，达到课程思政与教学目标的融合，要创新教学方法和手段。

首先在教授学生专业知识的过程，可以融入对环境保护和可持续发展的深入思考。通过案例分析和讨论，让学生了解能源利用对生态环境的影响，从而激发他们积极探索绿色、低碳的能源解决方案。在提升学生专业素养的同时，增强他们的环保意识和社会责任感。

其次，能源与动力工程专业课程要注重培养学生的实践能力和创新精神。通过实验、实习和毕业设计，让学生将所学知识应用于实际问题，提出创新性的解决方案。在这个过程中，强调团队合作和诚信科研的重要性，使学生学会尊重他人，相互协作，并树立诚实守信的科研态度。

最后，能源与动力工程专业课程要关注学生的职业发展和社会责任感。通过职业规划与就业指导课程，引导学生正确看待职业发展，树立正确的职业观和价值观。同时，鼓励学生关注社会热点问题，组织学生参与社会实践和志愿服务活动。

通过这些活动，学生不仅能够提升自己的综合素质和能力，还能更好地履行社会责任和使命。

第三节　能源与动力工程专业课程思政教学的方法

一、课程思政元素在课程大纲中的体现

课程教学大纲是指导课程教学的基本依据，是人才培养要求在课程中的具体体现。课程教学大纲的编制应全面贯彻党的教育方针，贯彻"以学致用"的教育理念，践行理论联系实际的原则。在课程教学大纲中，要体现课程思政的要求、思政元素的表述、思政教学的重点、思政教学的方法以及思政教学内容的安排。

在课程目标中，明确提出课程应该达到的思政目标，包括理想信念、民族精神、家国情怀等。

在课程内容中，设计融入课程内容且支持课程思政目标达成的课程思政元素。

在课程作业、课上讨论环节的设计中，提出能令学生充分思考、体现课程的思政元素，促进学生思政目标达成的具体要求。引导学生阅读相关论文并组织讨论，提高学生的综合素养和科研能力。分组进行课程设计或实际案例分析，培养学生的团队合作和解决问题的能力。

在课程考试环节的设计中，根据思政教育的目标和内容，制定相应的评估标准，包括学生的出勤情况、课堂表现、实践操作能力、论文质量等方面。对于课程思政目标的达成，应有相关的成绩要求。

二、课程思政元素在课程教学中的表现方式

课程思政元素在课程教学的过程中表述的方式、方法、载体等具有多样性，可根据课程教学内容和思政元素的特点选择，如故事、案例、场景、图片、视频、多

媒体等。

（一）启发与渗透相结合

加强课堂互动，学生参与，避免口号式、说教式的宣讲和讲授。注重启发，促使学生主动地认知、认同、内化，避免被动地注入、移植、搂入，拒绝填鸭式的宣传教育。使学生在学习过程中既能掌握专业知识，又能培养正确的价值观。走近学生，提高沟通技巧，加强学情分析和对学生心理的了解，增进交流互动，促进师生间的思想碰撞，使学生从被动的学习转向主动的学习并主动付诸实践，从而对其思想状态产生良性影响。

（三）历史与现实相结合

从纵向历史与横向现实的维度出发，通过认识世界和中国发展大势、国际形势和中国特色、历史使命和时代责任等，使思政元素既源于历史又基于现实，既传承历史血脉又体现与时俱进，深度地融入解决能源动力领域复杂工程问题的现实场景中。

（三）教学过程与教学成果相结合

课程思政应立足能源与动力工程专业的定位，人才培养特色，针对课程教学内容，有的放矢地设计思政元素、选择教学方法、制定评价标准，在课程教学的全过程中思考和设计课程思政；同时，在课程的全过程中评估课程思政的教学成果，真正达到课程思政的目标要求。

（四）共性和个性相结合

在注重教学内容的价值取向的同时，尊重学生在学习过程中的独特性，使思政教育更加贴近学生实际。

（五）案例与讨论相结合

紧扣能源与动力工程各专业课的教学内容，提供实际案例，通过讨论使学生拓展知识，纠正错误认知，学会分析和解决问题。

三、课程思政元素在课程教学中的总体设计

课程思政在课程教学中的总体设计应遵从以学生为中心的教育理念，从教学准备、教学过程和教学评价三个不同教学阶段顺序开展，持续改进。

根据能源与动力工程专业工程认证体系的要求，制定本专业培养方案，结合毕业要求融入课程思政教学理念。

依据培养方案编制各专业基础课、专业课、实验实践课的课程教学大纲，并将课程思政理念有机融入课程教学大纲。

根据课程教学大纲中的课程目标、毕业要求和教学内容等细化教学知识点，合理设计课程教案，将课程思政元素有机地融入课程教案的教学目标和教学内容中。

在教学过程中选择合适的教学方法，以润物无声的方式将思政教育与专业课程知识点有机融合。

在教学评价环节，根据课程思政育人成效形成过程性评价结果，并依据评价结果持续改进整个课程教学环节。

第四节　能源与动力工程专业课程思政教学的评价

能源与动力工程专业课程思政教学评价，是检验思政教育是否有效实施的关键手段。通过评价，可以及时发现教学过程中思政元素的融入是否充分、教学方法是否得当、教学效果是否达到预期目标等问题，从而及时调整教学策略，确保思政教育的有效实施。

一、学生课程思政学习的考核方式和方法

学生课程思政学习，应使学生从学习中获得满足感和幸福感，并强化爱国情怀，增强政治认同，强化工程伦理，增强社会责任感，提升职业道德，培养工匠精

神，在精神上逐步内化于心，外化于行。对学生课程思政的考核可以从以下三方面入手。

（一）考核方式多样化

将考核融入课堂交流、分组讨论、课程作业、课程设计、课程实验、课程考试等诸多教学环节中，考查学生是否能掌握与能源与动力工程专业相关的国情、党史和时事政治知识，如国家能源政策、环境保护法规等。

（二）学生互评与教师评价相结合

通过同学互评的方式，收集学生对课程思政教学的反馈意见和建议，了解学生在团队协作、沟通能力等方面的表现。教师对学生的课堂表现、作业完成情况、实践活动参与度等进行评价，结合学生互评结果给出综合评价。

（三）追踪学生思政学习效果

采用观察学生行为、调查问卷、座谈会等形式，分析学生课程思政的效果，总结完善学生思政学习的考核方式和方法。

二、教师课程思政教学的考核方式和方法

（一）教师对课程思政有理解

教师能对课程思政的必要性、现实性有深刻的理解，能对所教授的课程在思政教育中起到的作用有深刻的理解。教师要关注思政理论的最新发展，积极参加相关培训和学习，不断提升自己的思政素养和教学能力。教师还要关注国家能源政策、环境保护法规等最新动态，并将其及时引入课程中，保持教学内容的时效性和前瞻性。

（二）教师对课程思政有落实

教师在教学中要充分挖掘思政元素，将课程思政融入课程教学全过程，贯穿课堂授课、教学研讨、实验实训、课程考核各环节，实现思政内容与能源与动力工程专业知识相结合。采用多种教学方法和手段，如启发式教学、案例式教学、讨论式教学等，激发学生的学习兴趣和主动性，使学生在学习专业知识的同时，提升思政素养。

（三）教师的课程思政有效果

通过课程学习，学生的兴趣、情感态度与价值观等思政因素得到培养，实现课程思政的教学目标。

考核过程可采用督导听课、教师相互评议、学生网评等方式，评分表参见表8-1。

表8–1　教师课程思政评价表

教学环节	要求	评价结果（每项满分10分）
教学目标制定	符合培养方案对本课程思政教育的要求	
	体现知识与能力、过程与方法、情感与价值观的培养	
教学内容安排	教学内容具有科学性、思想性和时代气息	
	结合教学内容，充分挖掘思想教育因素	
教学过程	思政元素丰富，覆盖面广	
	思政元素符合社会主义核心价值观和学生认知	
	思政元素与本课程关联密切	
	思政元素的课堂融入时机、方式恰当	
	思政元素的融入充分调动了学生的学习热情	
	思政元素的融入课堂占比适合	
总分		

三、课程思政教学的评价方式和方法

（一）课程大纲"有目标、有要求"

重点考察课程大纲中是否明确提出课程思政的教学目标，是否提出课程思政的要求等。

（二）教学过程"有内容、有落实"

重点考察课程思政的相关制度和机制、教师的课堂教学过程、授课教案是否按照课程大纲要求执行，是否将课程思政元素与教学内容融会贯通。可采用督导听课、同行评议、学生网评等方式，对教师授课的课程思政融合情况进行多维度全方位评价。

（三）课程考核"站得住、立得稳"

重点考察是否建立了完善的课程思政考核体系，是否提出明确的考核标准，是否制定课程思政教学参考依据。

（四）课程思政"行得远、有保障"

是否建立了一支政治素养优秀、教学经验丰富的教师队伍，开展课程思政教学法活动，提升教师课程思政教学水平。

第五节　教师开展课程思政教学能力要求与提升

做好专业课程思政建设的关键在于教师。教育部颁布的《高等学校课程思政建设指导纲要》指出："全面推进课程思政建设，教师是关键。要推动广大教师进一步强化育人意识，找准育人角度，提升育人能力，确保课程思政建设落地落实、见功见效。"全面提升专业课教师课程思政教学的水平和能力，是课程思政的重要保障。

一、教师开展课程思政应具备的条件

（一）教师应具备课程思政建设的主体意识

强化专业课教师课程思政的主体意识，主要是强化教师立德树人的责任意识。立德树人是检验学校一切工作的根本标准。只有不断强化专业课教师立德树人的责任意识，使每位教师明白课程思政建设的深刻内涵和时代价值，将课程思政建设作为课程建设的内在需求，把思政元素有机融入专业课堂中，才能帮助大学生形成崇高的理想信念、科学的价值观、坚毅的品质、扎实的学识。

（二）教师应具备教书和育人相统一的主动意识

重视德育，教书和育人相互促进是我国教育的优良传承。教书为了育人，育人的内容更广泛。教师通过教书传授给学生科学文化知识、技能技巧，最终目的是实现育人。育人讲求德、智、体、美、劳并重，育人能促进教书。这要求教师强化育人的主动意识，准确把握教书与育人、知识传授与价值引领之间的关系，更好地帮助学生实现全面和谐的发展。

（三）教师应具备贯彻党的教育方针的政治意识

新时代贯彻党的教育方针，就是要坚持马克思主义指导地位，贯彻习近平新时代中国特色社会主义思想，坚持社会主义办学方向，落实立德树人的根本任务，坚持教育为人民服务、为中国共产党治国理政服务、为巩固和发展中国特色社会主义制度服务、为改革开放和社会主义现代化建设服务。这就要求每位教师必须从实现中华民族伟大复兴的中国梦的战略全局出发，提高政治站位，在课程思政教学过程中坚决贯彻落实新时代党的教育方针，努力培养党和人民需要的社会主义建设者和接班人。

（四）教师应具备课程思政教学资源整合能力

课程思政建设，必须落实到教学实践中方能彰显价值。教学中所需的思政元素的教学资源能否在教学中得到有效应用，需要教师具备一定的资源整合能力。这种整合能力包含资源的组合和应用。通过修改、加工、合并，将思政元素与专业课程知识内容相融合，形成教学所需要的新资源。资源整合能力强的教师能够在分析、鉴别优秀资源的基础上，将思政元素融入资源构建框架和体系之中，为教学服务。

二、教师课程思政教学能力培训

为促进专业课教师真正理解并接纳课程思政教学理念，掌握课程思政教学方式方法，应对专业课教师特别是新晋教师，开展相关培训。

（一）课程思政教学理念培训

专业课教师只有真正认识到课程思政的意义，从思想上真正认同、接纳课程思政教学理念，才能在教学活动中很好地实现思政。可以邀请行业专家，为专业课教师开展课程思政教育教学理念的培训。

（二）课程思政教学能力提升培训

创新多样化的培训形式，让专业课教师积极参与培训。尊重专业课教师的个体差异，以教师培训需求为导向，通过"优质课程思政教学案例分享""名师课堂观摩和交流""典型课程思政教学示范""课程思政教学方法体验"等方式，提升专业课教师课程思政教学能力。

（三）搭建教师的课程思政互动平台

通过建立课程思政教学互动平台，让专业课教师根据自己教学中的实际情况，在教学互助平台上获得想要的知识和能力、支持与帮助。教学互助平台可以借助教师群体的智力与活力，打破专业课程的界限，实现教师间的互通互助，促进教师间课程思政教学活动的传、帮、带。

（四）鼓励教师参与课程思政教学改革实践活动

对于专业课教师来说，教学理念的更新有一个渐进的过程。学校可以通过鼓励教师申请专业课程思政类的教学改革项目，引导教师积极开展课程思政教学改革实践活动，让教师在实践中提高自身的课程思政能力。

三、课程思政的制度和机制建设

为保障课程思政的顺利开展，应建立健全课程思政的教学制度，为教师的课程思政教学能力提升提供机制保障。

将课程思政内容与要求纳入专业培养方案、课程教学大纲、教案的制定中。

将课程思政评价纳入督导听课、教师评议、学生评价等的教学活动质量监督保障体系建设中。

将课程思政建设要求纳入学校一流课程建设的要求中。

明确教师责任，教师应将思政教育融入日常教学中，积极承担课程思政的责任，确保思政教育目标的实现。

将专业课程思政与各级党建工作相结合，发挥党员教师的带头作用。

在课程评奖、教师评优、教师年度绩效考评中，对开展课程思政工作优秀的教师给予适当奖励。

第九章　电子商务专业课程思政教学工作指引

第一节　绪论

为贯彻落实习近平总书记关于教育的重要论述和全国教育大会精神，深入实施《关于加快建设高水平本科教育全面提高人才培养能力的意见》和《高等学校课程思政建设指导纲要》的战略举措，高校电子商务专业要全面推进课程思政建设，围绕全面提高人才培养质量，切实落实立德树人的根本任务。

一、电子商务专业课程思政的现实性

电子商务作为数字经济中发展势头最好的新业态，是数字经济发展新格局蓝图中的重要一环，将在提高国民经济运行质量和效率，畅通国内大循环、促进国内国际双循环中发挥重要作用。大连海事大学电子商务专业作为学校管理科学与工程一级学科的主干专业，在2021年3月入选国家级一流本科专业建设点，注重航运电子商务复合型本科生人才培养，为航运、交通、物流、金融等行业输送人才。作为复合交叉型专业，课程体系涉及航运、交通、物流、经济、管理、法律、信息技术、金融科技等诸多领域，具有知识内涵丰富、知识结构复杂、专业实践性强、创新性要求高等特征。电子商务专业的课程思政需要与国家和行业发展密切结合，在课程体

系中挖掘与提炼思政元素，促进思政教育、课程体系、第二课堂和双创教育的优化与提升，打造电子商务专业课程思政特色。

电子商务专业在课程思政教学体系的构建中，以坚定学生理想信念、爱党、爱国、爱社会主义、爱人民、爱集体为主线，以习近平新时代中国特色社会主义思想、社会主义核心价值观、中华优秀传统文化、宪法法治、职业理想和职业道德为重点，从高质量人才培养着手，重点从理念、目标、原则、思政元素、教学方法、教学评价、能力要求与提升等各个要素环节入手，建立符合航运电子商务专业特色、认知科学要求的课程思政育人体系。

二、电子商务专业课程思政教学的目标和原则

（一）课程思政教学目标

信息经济时代，围绕全面落实立德树人的根本任务，电子商务专业课程思政的总体目标旨在让学生厚植爱国主义情怀，坚定"四个自信"，树立正确的世界观、人生观和价值观，深刻理解中国互联网发展的使命及社会责任，牢固树立法治观念和意识、学思践悟电子商务行业的职业素养及规范，成长为爱国、励志、求真、力行的新时代电子商务人才。根据电子商务专业的课程思政总体目标和专业特色，以爱国主义教育为主线，围绕坚定学生的理想信念，培育学生正确的世界观、人生观和价值观，塑造学生的职业素养，制定具体的课程思政教学目标。

1.推进厚植爱国主义情怀

坚定中国特色社会主义道路自信、理论自信、制度自信和文化自信。引导学生了解中国电子商务发展进程中出现的龙头企业、典型案例、关键事件以及模式创新，聚焦中国电子商务所取得的成就，感悟中国电子商务在世界信息技术创新中的地位和其发挥的作用，让学生厚植爱国主义情怀，增强民族自豪感。

2.内化社会主义核心价值观

引导学生将国家发展、社会进步和个人追求融为一体，让学生自觉把小我的发展融入对国家富强、民主、文明、和谐、美丽和社会自由、平等、公正、法治的追求，将社会主义核心价值观内化为精神追求，外化为自觉行动。

3.强化中国互联网发展使命感及社会责任感

教育引导学生了解电子商务在国家重大战略如技术创新、乡村振兴中的重要作

用；学习平台经济、共享经济等诸多电子商务现象背后的经济规律，体悟信息技术对社会各界所造成的深远影响；深刻理解为推动中国互联网发展所应承担的历史使命及社会责任。

4.深入开展法治意识教育

将电子商务行业的社会热点案例和法律教学内容相结合，从学生熟悉的生活出发引导学生深入学习电子商务相关的法律法规，理解电子商务的模式创新及高速发展中所潜藏的法律风险，帮助学生树牢法治观念，强化法治意识，深化对电子商务相关法治理念、法治原则、重要法律概念的认知，提高学生在电子商务创新中对法治思维和法治方式的重视。

5.深化职业素养及职业规范教育

快速发展的电子商务产业对学生的职业素养提出更高的要求。通过专业实习、社会实践、学科竞赛等多种途径，加强学生对前瞻性技术及商业模式的学习，培养其创新精神和合作意识；引导学生遵循正确的科学伦理、网络伦理、商业伦理和道德规范，树立诚信经营意识；培养学生爱岗敬业、无私奉献、诚实守信、开拓创新的职业品格和习惯。

（二）课程思政教学的主要原则

1.坚持顶层设计和系统规划相结合

根据国家课程思政教学改革工作的总体目标，通过顶层设计和系统规划，对电子商务专业思政教育进行一体化设计。明确专业人才培养目标和专业核心能力，将具有电子商务专业特征的思政元素融入人才培养方案的各个环节；通过公共基础课程、专业教育课程、实践类课程、素质项目、社会实践等教育环节共同完成专业思政价值的传递和学生能力培养；注重打造"课程思政链"，确保各门课程相互连接、相互配合、相互照应，构建全面覆盖、类型丰富、层次递进、相互支撑的课程思政体系。

2.坚持思政教育与专业教育深度融合

根据教育部《高等学校课程思政建设指导纲要》要求，思想政治工作体系应全面贯彻到高水平人才培养体系中。在"教"的层面，课程思政应落实到培养方案、教学大纲、教学研讨、教材编审选用、教案编写、教学评价等各方面；在"学"的层面，课程思政应贯穿课堂学习、课外自主与协作学习、实验实训、作业论文各环节；鼓励授课教师探索灵活多样的思政教学方式、方法和手段，使之与课程目标及思政内容匹配融合，使"思政之盐溶于课程之水"，让专业教育成为思政教育的重要载体，让思政教育为专业教育注入灵魂。

3. 坚持电子商务的专业特色

电子商务专业是自然科学与社会科学相互交叉、相互渗透而形成的一门新兴学科，其知识体系涵盖技术、经济、管理、人文、法律等诸多方面，思政教育覆盖面广泛，涉及领域众多。针对电子商务发展过程中产生的数据滥用、网络暴力、违法违规、平台垄断、隐私泄露等问题，课程思政教学应在专业课程体系中挖掘和提炼电子商务发展理念、政策法规、技术伦理、商业道德、网络诚信、管理思维、责任担当、创新精神等思政元素，使学生在专业知识的学习中陶冶情操、厚植信仰、明辨是非，成为德智体美劳全面发展的社会主义建设者和接班人。

第二节　电子商务专业课程思政内涵、思政元素及其与课程目标的融合

一、课程思政的内涵

课程思政是近年来高等教育领域深化改革的新生事物，是对新时代高等教育更好发挥"四个服务"功能的理念创新、制度创新和实践创新，其核心是要求把"做人做事的基本道理、社会主义核心价值观的要求、实现民族复兴的理想和责任"总要求融入各类课程和教育教学全过程、各方面，在立德树人上实现同向同行。作为理念创新，它强调落实立德树人根本任务，培养可堪民族复兴大任的时代新人。作为制度创新，它强调从中国特色高等教育制度层面来认识，以此推动立德树人体制机制不断完善。作为实践创新，它强调所有课堂都是育人主渠道，所有课程、所有教师都要深入挖掘课程蕴含的思想政治教育元素，并有机融入各类课程教学，所有教职工都要立足工作岗位，深入挖掘岗位所承载的思想政治教育功能，"守好一段渠、种好责任田"，实现立德树人润物无声。课程思政的探索与实践，是对思想政

治工作规律、教书育人规律、学生成长规律的整体把握和综合运用，具有重要的时代价值和现实意义。

二、课程的思政元素

电子商务专业具有鲜明的多学科交叉融合及前沿性、创新性特点，在课程思政教学过程中，应充分提炼电子商务行业发展历程、理论知识、技术发展和科学研究中民族自信、社会责任、法治意识、工匠精神、实践创新等思政元素，在教学过程中注重思政元素在各门课程中的相互衔接、相互配合和相互照应，从理论、实践多方位形成系统化、层次化、丰富化的思政元素教学重点，突出显性教育与隐性教育相融通的特点，在潜移默化中落实立德树人的根本任务。

（一）爱国主义精神和民族自信

我国电子商务起步晚，但是发展速度快。随着生鲜电商、农村电商、跨境电商、互联网金融、数字经济的蓬勃发展，我国电子商务不断在产品、服务和商业模式上跨越式创新，电子商务已经成为国家经济和国民生活中的重要关键环节，在世界经济中起着引领作用。弘扬爱国主义精神和民族自信的课程思政元素，可以从电子商务基础类、综合类课程中凝练。在教学过程中，可以通过真实案例让学生对我国电子商务的发展有切身的代入感，认识到中国作为互联网和电商大国的引领作用，分析电子商务发展的原因和基础条件，理解电子商务的发展与国力提升的关系，进而达到塑造民族自信心的目标，将开放、包容、自信的大国担当融入教学中。

（二）网络商业伦理、道德规范和社会责任

电子商务是一个复杂的人机系统工程，商业伦理、道德规范持续贯彻在电子商务资金流、信息流、商流和物流活动的过程中，是电子商务运行的保障，而社会责任是电子商务可持续发展的根基。应充分考虑互联网社交网络的安全性、隐私性、快速传播和影响力大的特点，在电子商务网络营销、网络金融及电子支付等专业课程中融入遵守网络商业伦理、道德规范和培养企业社会责任感的思政元素；从互联网商业生态、网络用户隐私保护、互联网和电商行业规范、网络社区和社交媒体规范、舆情管理等方面提炼商业伦理和道德规范类思政元素，通过中国互联网企业的

慈善参与、电商扶贫、助力乡村振兴、创造社会价值等案例教学，增强学生的社会责任感。

（三）社会主义核心价值观

电子商务"商务+技术"的活动过程，要求从业人员主动辨别商务和技术活动过程中的伦理问题，形成正确的价值评判体系。社会主义核心价值观教学贯穿电子商务基础类、数字化运营管理类课程，重点融入诚实守信、公平竞争、社会公德心、同理心、上进心、爱心等正能量思政元素。在电子商务诚信体系建设、互联网对信息传播影响、社交媒体传播舆情管理、用户创造内容、互联网个性化的双刃剑效果等内容的教学过程中，注重学生核心价值观的塑造。

（四）工匠精神、技术伦理和数据素养

电子商务专业应聚焦德、技兼修高素质技能人才培养，在教学过程中，将良好的职业态度、勇于探索的工匠精神、对自我严格约束的技术伦理和数据素养纳入思政教学重点。在电子商务的工程技术类课程和实践类课程中，重点在电子商务系统设计开发、大数据分析与智能推荐、商务运营方案设计等技术能力培养环节，将技术意识、技术能力、工程思维、创新设计、数据思维、图样表达、物化能力、系统意识等工匠精神、技术伦理和数据素养融入教学过程中。通过中国互联网与信息技术产业发展历程、国家信息化战略、信息与数据收集与使用等，强调勇于探索新技术、精益求精的职业追求，强化技术向善的技术伦理，遵守数据规范使用的数据素养。

（五）思辨思维、实践创新能力

在电子商务数字化运营、系统开发和创新创业实践等能力培养环节，重点培养学生提出问题、分析问题、解决问题的思辨思维，在实践中引导学生进行思辨式的分析、推理与判断，达到"理性地辨析与评估"和"扎实的动手实践能力"相统一的素质培养目标。教学过程中，加强学生对国家创新驱动发展战略、"双创"政策、电商精准扶贫政策等的学习，正确把握电子商务创新创业动机，并落实在运营方案设计、系统开发实践、创新创业大赛的选题策划与实施过程中。通过理论与实践的双管齐下，提高学生解决问题的实践能力、创造意识和创业能力，弘扬劳动精神。

（六）法治意识

电子商务的运作过程涉及数据获取与分析、广告宣传、直播营销、交易与支付、信息安全、信用监管等多个环节，都存在相关法律法规的约束。因此，需在电子商务运营管理、跨境电子商务、网络支付、电子商务安全与法律等课程教学中，通过各类正反案例，将电子商务法、反垄断法、个人信息保护法、反不正当竞争法、直播电商法律法规、知识产权法、电子商务税收法规、消费者权益保护法、互联网广告管理暂行办法、电子商务物流服务规范等相关法律法规融入教学，培养学生知法守法的意识、懂法用法的能力和德法兼修的素养。

三、课程思政与课程教学目标的融合

课程思政与课程教学目标不是对立矛盾的，课程思政也并不是简单地在专业课中进行思政教育，而是在课程设计时将课程的知识目标、能力目标和价值目标融为一体，这就需要将课程思政与专业课程的教学目标进行有机融合。电子商务专业是以"互联网+航运"为基准、面向航运商务及现代经济社会领域商务活动的专业，强调管理、经济和信息与航运学科与行业的交叉与融合，具有很强的知识交叉和实践应用特点。根据《电子商务类教学质量国家标准》中培养规格及航运电子商务专业培养目标要求，电子商务专业的课程主要包括通识类、经济管理类、工程技术类、法规安全类和创新实践类等。

（一）通识类课程思政与课程教学目标的融合

通识类课程中，结合学校办学特色教导学生塑造正确的世界观、人生观、价值观，课堂中充分融合学校航运特色教学案例，培养学生蓝色人文素养，树立服务海洋强国、交通强国建设的意识，支持航运数字经济和智慧航运建设。

（二）经济管理类课程思政与课程教学目标的融合

经济管理类课程中，课程思政应重点关注电子商务在我国经济社会发展中的新动能作用，帮助学生了解我国电子商务领域的相关政策。展现我国电子商务发展的伟大成就，提升学生政治认同，坚定"四个自信"。结合电子商务企业的经营管理实践，引导学生树立正确的商业伦理和商业价值观，培育学生经世济民、诚信服务的职业素养。

（三）工程技术类课程思政与课程教学目标的融合

工程技术类课程中，课程思政应将知识传授与能力培养相结合，帮助学生了解电子商务创新与发展的实际需求，提高学生正确认识、分析和解决电子商务问题的能力。将电子商务工程技术知识的传授与科学家精神、工匠精神的培养相结合，引导学生树立扎根中国大地的民族精神，提升学生的数据素养和技术素养，强化学生的工程技术伦理和科技向善理念。

（四）法规安全类课程思政与课程教学目标的融合

法规安全课程中，课程思政应结合电子商务领域相关法律法规，教育引导学生学思践悟习近平总书记关于全面依法治国的重要论述，树牢法治观念，深化对电子商务领域法治理念、法治原则、重要法律概念的认知，树立正确的网络安全观和数据安全观，提高运用法治思维和法治方式维护电商企业和消费者权利、化解商业矛盾纠纷的意识和能力，提高学生德法兼修的职业素养。

（五）创新实践类课程思政与课程教学目标的融合

创新实践类课程中，课程思政应结合电子商务校内外的创新实践活动，引导学生关注我国电子商务发展中存在的现实问题，面向电子商务快速发展的实践需求，增强学生勇于探索的精神，培育学生的创新精神、创造意识和创业能力，鼓励学生在实践中增长智慧才干。依托区域特色红色资源和乡村振兴实际需求，结合农村电商模式策划和"三下乡"社会实践等活动，鼓励学生走进乡村了解乡村，增强学生利用电子商务知识和技术助力乡村振兴的使命感和责任感，激发学生的家国情怀和使命担当。

第三节　电子商务专业课程思政教学的方法

一、课程思政元素在课程教学大纲中的体现

以厚植爱国主义情怀为主线，修订电子商务专业的培养方案的培养目标、毕业要求，融入课程思政元素；在通识类、专业类和实践类等课程体系中，全面体现电子商务专业人才培养的价值取向，打造"课程思政链"，保证各门课程相互连接、相互配合，实现价值塑造、知识传授与能力培养有机融合，落实立德树人根本任务。修订并完善课程大纲的课程目标及课程内容，采取恰当的教学方式和教学手段，呈现深度融合的专业知识与思政元素；修订融入思政元素的全过程、全方位的课程评价体系。

二、课程思政元素在课程教学中的表现方式

大学教育要以学生为本、以内容为基、以育人为最终目标，在达到教学目的和完成教学任务的前提下，师生双方共同协作完成教学活动，并通过教学全过程培养学生的科学思维、创新精神和钻研精神，最终落实立德树人的根本任务。

（一）教学方式

1.课堂教学

教师在课堂教学过程中，以积极向上的状态、优良的工作作风、独特的人格魅力成为课堂上的道德榜样，将社会主义核心价值观以润物细无声的方式传递给学生，并引导规范学生日常生活的方方面面。课堂教学中，可以采用讲授法、案例教学法、情景教学法、讨论法、启发式教学法、翻转课堂教学法等，将思政知识与专

业知识深度融合，激发学生参与课堂的主动性，提高学生的学习兴趣，潜移默化地完成思政教育。

2.实验实训教学

将思政教育贯穿实验实训教学全过程，根据电子商务实验课程内容及特点，找到思政教育与实验实训教学的契合点。将思政教育融入实验实训课程，主要通过以下途径：加强电子商务实验室安全教育；培养学生的职业操守及职业道德；将国家最新的科技发展成果与实验课程内容相结合，使学生了解最新的科技发展方向，明确实验学习的意义，启发学生的创新思维；等等。

3.社会实践

以学科竞赛、创新创业类竞赛为平台，倡导大学生深入社会实践，深入挖掘竞赛项目中的服务社会意识、社会责任感、家国情怀、企业家精神、职业道德等思政元素，围绕电商扶贫、乡村振兴、社区治理、非物质文化遗产传承等社会热点问题，关注社会发展，启发创新性思维，将人文素养融入电子商务知识技能中，引导学生勤于学习，甘于奉献，勇敢肩负起时代赋予的历史重任。

（二）教学手段

1.多媒体技术

借力多媒体技术，创新电子商务思政融合新方法。利用多媒体资源和手段，通过形象、表现力强的视频、图片、语言等，吸引学生的注意力，激发其学习兴趣。在教师的引导下，提高学生参与课堂、德育教育活动的积极性。

2.虚拟仿真技术

虚拟仿真教学突破了时间和空间的限制，其带来的真实感和互动性让学生沉浸其中。将虚拟仿真教学过程融入课程思政元素，最大限度地实现视觉、听觉、触觉全方位沉浸式体验，调动学生的学习积极性和自主性，更好地实现课程思政的目标。

3.智慧课堂技术

打造新时代电子商务课程思政智慧课堂，通过信息化物联网技术和大数据技术，展开智能化课堂教学，实现智能教学环境，以师生互动、生生互动、人机互动增强学生对课程思政学习内容的深度体验。

三、课程思政教学在课程教学中的总体设计

融入课程思政教学的课程总体设计，应遵循以学生为中心、成果导向、持续改进的教育教学理念，从教学准备、教学过程和教学成果三个阶段按顺序开展。

根据电子商务专业认证体系和毕业要求等制定电子商务专业人才培养计划，结合毕业要求融入课程思政教学理念。

依据培养计划编制各专业基础课、专业课、实验实践课的课程教学大纲，并将课程思政理念有机融入课程教学大纲。

根据课程教学大纲中的课程目标、毕业要求和教学内容等细化教学知识点，合理设计课程教案，并将课程思政元素有机地融入课程教案的教学目标和教学内容中。

在教学过程中选择合适的教学方法，以润物无声的方式将思政教育与专业课程知识点有机融合。

在教学评价环节，根据课程思政育人成效形成过程性评价结果，并依据评价结果持续改进整个课程教学环节。

第四节 电子商务专业课程思政教学的评价

课程思政教学评价用于检验课程思政有效性，为教师课程思政教学反思和完善课程思政教学改革提供依据。评价课程思政应基于供给侧、需求侧及专业建设三方面考查。在"三全育人"的总体工作格局中，基于全过程评价直接反馈高校课程建设的有效性，立足于学生以供需结构充分检验人才培养的效果。应建立涵盖课程思政育人内涵丰富度、知识体系完整度、课程之间衔接度、思政资源运用度的评价指标体系，并依照教育部《高等学校课程思政建设指导纲要》分解相关指标体系，制定评价标准，计算评价指标的达成度。

一、学生课程思政学习的考核方式和方法

建立以学生为中心的思政教学目标的达成度评价，掌握学生的价值观现状、学生的发展需求，全员、全过程、全要素评价课程思政的有效性。

将思想政治教育元素列入课程考核知识点，以形成性评价和终结性评价相结合的方式对课程的思政教育目标进行科学有效的考核。此外，通过学生日常管理、综合测评等手段，关注学生在校期间有无行为失范。

充分利用学科竞赛、大创项目、电商扶贫等实践活动，对思政元素与专业知识的有机融入、价值引领、学生反馈及成效等方面进行评价，教育引导学生立鸿鹄志、做奋斗者。

通过跟踪调查、校友走访等手段，进一步考查学生毕业后从业期间有无职业失范、是否坚持正确价值观、积极工作的持续性动力是否充足等方面，有效整合更多深度数据，评价课程思政的有效性。

二、教师课程思政教学的考核方式和方法

建立全方位评教、评学的评价机制和评价方法，对课程思政的达成度、课程思政教师的胜任度进行全方位的评价和反馈。

将课程思政目标融入各高校电子商务专业人才培养目标中，并分解到各个课程的不同环节和知识点上，按照毕业要求达成度的评价方式，进行课程思政目标的达成度计算和效果评价。

成立学院（系）两级的课程思政教学评价制度。严格按照学校评教要求，建立由学院（系）领导、教学督导、教学专家、学生评教为主导形式的专业教学评教活动，并对专业课程的思政教学情况进行监督和指导。

依据师德师风考核办法对全体教职工开展每年度的思想政治和师德师风考核，持续提高教师的课程思政教学水平。

三、课程思政教学的评价方式和方法

重点评价专业课程思政是否围绕立德树人这一根本任务，是否坚持以学生为中

心的教育理念，是否把思想政治工作贯穿教育教学全过程。

（一）培养方案"有设计、有指引"

重点考查电子商务专业培养方案是否结合学校红、蓝、绿"三色"思政理念，凝练总结行业特色鲜明的课程思政元素和教学内容体系。

（二）课程大纲"有体现、有要求"

重点考查必修课、限选课课程大纲制定是否体现明确的课程思政教学目标及具体内容落实情况。

（三）教学过程"有融合、有落实"

重点考查教学过程是否依照教学大纲教学内容、教学方法，融入学校红、蓝、绿"三色"思政理念、落实相应的课程思政内容。

（四）课程考核"站得住、立得稳"

采用听课、同行评议、学生网评等方式，评价是否建立了完善的全过程课程思政考核评价体系。

（五）课程思政"成体系、有引领"

重点考查本专业是否组建了一支政治素养高、教学经验丰富的教师队伍，是否持续开展课程思政教学法活动，是否具备完善的课程思政育人体系。

第五节 教师开展课程思政教学能力要求与提升

一、教师开展课程思政应具备的条件

全面推进课程思政建设，教师是关键。《高等学校课程思政建设指导纲要》要求提升教师课程思政建设的意识和能力，推动广大教师进一步强化育人意识，找准育人角度，提升育人能力，确保课程思政建设落地落实、见功见效。

（一）教师应具备坚定的理想信念和正确的政治方向

教师应高举马克思主义旗帜，推进习近平新时代中国特色社会主义思想深入人心，坚持弘扬和践行社会主义核心价值观，始终坚持中国共产党的领导，坚定走中国特色社会主义道路的信心和决心。做到明辨是非，自觉反对和抵制错误思潮，坚决杜绝、抵制一切削弱、歪曲、否定党的领导和我国社会主义制度的言行，杜绝、抵制违背党和国家大政方针、违背宪法法律、危害国家安全、破坏民族团结的言行。

（二）教师应具备立德树人的责任心

教师应深刻认清自身所肩负的社会使命，具备坚定的马克思主义思想政治立场、深厚的爱国主义情感、高尚的道德情操和为社会主义教育事业献身的奋斗精神，掌握丰富的电子商务学科知识，努力提升自身的思政素养水平，不断打造具有感染力的人格魅力，重点将价值塑造、知识传授和能力培养三者融为一体，与思想政治理论课形成协同效应和育人合力，实现思想政治教育功能的全课程覆盖。

（三）教师应具备挖掘思政元素的研究能力

教师首先要有深度，在课程思政、专业思政和学科思政中不断深化，并创新开发课程内容的思政元素；其次要有广度，从国际视角、国家战略、行业产业、地方政策、高校同行等视野审视课程，从多种课程思政元素角度讲好中国电子商务故事，传播中国电子商务品牌；最后要与专业课程的知识体系、性质地位相契合，与学生成长成才的需求相契合。

（四）教师应强化润物无声的教学能力

教师应具备将课程思政深度融入专业课程的能力，结合最合适的思政元素重新设计课堂教学内容，确保合理准确不生硬。具备高超的教学技巧，熟练把控课堂气氛的能力，对呈现不同知识点、不同教学环境所体现的思政元素有形式和内涵上的变化，善于营造符合学生认知的教学情境，从而达到润物细无声的教学效果。

（五）教师应具备一定的团队合作能力

教师要积极参与课程教研室、教学团队或课程组等基层教学组织，探索课程思政集体教研的方式方法，结合思政课教师和辅导员的专业优势，集体攻关"思政基因"与"专业元素"的融合中"融什么、怎么融、融多少、何时融"等难题。应在团队中通过常态化、规范化地开展共同探讨、共同教研、共同教学等活动，实现资源共享、专业互补、能力互促、协同配合，从而增强课程思政的育人实效。

二、教师课程思政教学能力培训

为促进专业课教师真正认可并接纳课程思政教学理念，掌握课程思政教学方式方法，应对专业课教师开展课程思政教学理念和教学能力提升的相关培训。

（一）开展专业课教师课程思政教学理念培训

专业课教师对课程思政教学理念的认可和接纳程度，决定着专业课课程思政的教学效果。专业课教师只有真正认识课程思政的意义、内涵，从思想上真正认同、接纳课程思政教学理念，才能在实施课程思政教学活动时注重教学效果的落实。可以邀请行业专家为专业课教师开展课程思政教育教学理念的培训，强化教师对课程思政教学理念的认可与接纳。

（二）开展专业课教师课程思政教学能力提升培训

创新多样化的培训形式，吸引专业课教师积极参与培训，实现高效培训。尊重专业课教师的个体差异，以教师培训需求为导向，形成"分散与集中培训相结合、理论与实践培训相结合、线上与线下培训相结合"的培训模式，通过"优质课程思政教学案例分享""名师课堂观摩和交流""典型课程思政教学示范""课程思政教学方法体验"等多样化的培训方式，提升专业课教师课程思政教学能力。

（三）搭建专业课教师课程思政教学互动平台

通过建立课程思政教学互动平台，使专业课教师根据自己教学中的实际情况，在教学互助平台上获得自己想要的知识和能力、支持与帮助。教学互助平台可以借助教师群体的智力与活力，打破专业课程的界限，实现教师间的互通互助，促进教师间课程思政教学改革的传、帮、带。

（四）鼓励专业课教师参与课程思政教学改革实践活动

对于专业课教师来说，教学理念的更新有一个渐进的过程。可以通过鼓励并支持教师参与课程思政教学改革项目，引导教师积极开展课程思政教学改革实践行动，让教师在实践活动中切身感受到课程思政教学魅力，领悟课程思政教学真谛。

三、课程思政的制度和机制建设

（一）构建课程思政教学管理机制

建立多级课程思政教学管理机制，并在电子商务课程思政建设的组织与实施、教学质量保障体系等方面发挥引领作用。学校应从源头、目标和过程上强化课程"育德"功能的教育理念，对课程思政教学体系设计、课程设计、课程改革、课程实施、教材建设、师资队伍建设等环节给予全面的经费支持。学院应融合教学管理和学生思政管理力量，依据指南有效开展课程思政建设管理、师德师风考核评价、人才培养效果评价、教师思政教学胜任力提升等一系列管理和工作制度，切实推进电子商务课程思政建设。

（二）建立健全课程思政教学质量监督体系

加强多级教学质量监督联动，完善分工，各司其职，建立健全课程思政教学各级各项规章制度，明确各级组织的职责，考核标准，责任具体到人。强化课程思政的教学规范，尤其是把牢课程标准、教学计划、教学大纲、教案准备、课堂教学和教学评价等关键环节。通过教学巡察、随机督导听课、同行观摩课、学生评教、学生满意度调研、第三方调查、毕业生调查等多种方式，实施全方位的课程评价和教师评价，建立健全课程思政教学质量监督体系。通过评价、反馈、改进等监督机制，提高教师的课程思政教学水平，建立健全课程思政教学质量监督的长效机制。探索制定多样的课程思政教师激励措施，通过与职称晋升、职务调整、课时待遇、考核奖励等相挂钩，引导教师把知识传授、能力培养、价值引领有机融入课程的教学全过程。

第十章 信息管理与信息系统专业课程思政教学工作指引

第一节 绪论

一、信息管理与信息系统专业课程思政的现实性

全面推进课程思政建设是落实立德树人根本任务的战略举措。信息管理与信息系统专业以培养信息管理专业人才为目标，注重培养大学生具备现代管理学理论基础和计算机科学与技术知识及应用能力，掌握信息管理、信息系统分析与设计以及大数据管理与分析的方法和技能，从而适应服务地方经济社会发展的需要。在课程中自觉融入思想政治元素，在传授学生专业知识的同时，注重学生道德、精神、价值观的塑造，尤其是提升学生的专业自信、培养积极进取精神，是信息管理与信息系统专业课程思政的一项艰巨而十分重要的任务。结合专业特点将能力培养和价值引领有机结合，采用传授知识、培养能力、引领价值、教育终身递进的方法进行课程思政建设，坚持信息管理与信息系统专业课程的显性教育和课程思政的隐性教育相统一，充分挖掘专业课程蕴含的思想政治教育资源，力求实现全程育人，践行全方位育人模式。

二、信息管理与信息系统专业课程思政教学的目标和原则

（一）课程思政教学目标

以习近平新时代中国特色社会主义思想为指导，以立德树人为根本任务，聚焦"价值塑造、能力培养、知识传授三位一体"的理念，培养符合新时代需求的信息管理与信息系统专业人才。深入挖掘各门课程蕴含的思想政治教育资源，所有任课教师在课堂教学中要注重在知识传授中强调价值引领，在价值传播中凝聚知识底蕴，着力把社会主义核心价值观融入高校课程教学的全过程，实现专业类课程和思想政治理论课程的同向同行、形成协同。

融入思政元素的教学目标如下：让学生了解我国信息化、数字化建设发展历程，弘扬以爱国主义为核心的民族精神，增强学生对党的政治认同、思想认同和情感认同，坚定"四个自信"；通过让学生了解数据与信息管理的起源及发展历程，树立新发展理念；围绕历史思维、辩证思维、系统思维、创新思维、容错思维等，形成综合思维培养目标，培养学生以正确的立场观点看待问题、联系客观实际分析和解决问题的能力；帮助学生掌握信息管理的相关概念与技术，培育和践行社会主义核心价值观，弘扬工匠精神，把事业理想和道德追求融入国家建设；让学生了解国内外信息管理应用案例和行业领域发展动态，拓展国际视野，激发爱国主义情怀和专业学习热情，树立责任担当意识，塑造专业理想信念。

（二）课程思政教学的主要原则

遵循课程思政的教学原则，有助于在专业课程教学中有效融入思政教育，促进学生的全面发展。

1.以学生为本

教学要贴近学生的实际需求，充分考虑学生的发展、学科发展和社会需求。在课程思政的融入过程中，充实内容，为学生的人生发展服务，特别是针对当代学生可能存在的迷茫和困惑，提供专业知识和技能，帮助学生形成明确的思想政治意识和清晰的人生规划。

2.挖掘课程思政元素，实事求是，丰富教学内容

依据课程特点，以事实为依据，结合学生的价值观念和态度倾向，选取生动形

象的思政案例丰富教学内容。思政元素的呈现和讲解与专业知识内容的讲授、能力培养应紧密关联，并确保课程思政教学所传授的知识和信息准确可靠。

3. 发挥创新思维，加强实践教学，提高学生动手能力

信息管理与信息系统专业是一门应用性很强的专业，因此要加强实践教学环节，增加设计性和综合性课程设计，切实加强学生的实际操作和动手能力。鼓励学生在学习中发挥创新思维，敢于提出新的观点和方法。通过案例分析和问题探讨等方式，激发学生的创新思维和创造力。

4. 突出重点，无缝嵌入课程

课程思政的教学是在专业课中嵌入思政内容让原有的课程内容更丰富、更完整，切忌生硬而突兀地加入思政内容。学生对教师空洞地讲大道理往往存有抵触心理，结果适得其反。在教学过程中，明确思政教育的重点内容和目标，确保思政教育贯穿整个教学过程。针对课程特点和学生实际，选取具有代表性、典型性的思政案例，进行深入剖析和讨论。

5. 注重实效，完善评价机制，促进思政发展

强调思政教育的实际效果，通过课堂教学、实践活动等方式，确保学生真正理解和接受思政教育内容。建立全面的评价机制，关注学生的学科成绩同时，注重对学生思政素养的评价。通过观察学生的课堂表现、参与实践活动的情况、提交的作业和论文等方式，全面评价学生的思政素养发展情况。

第二节　信息管理与信息系统专业课程思政的内涵、思政元素及其与课程目标的融合

一、课程思政的内涵

随着信息技术的飞速发展，信息管理与信息系统专业成为培养国家信息化建设人才的重要基地。课程思政的引入，旨在通过专业课程的教学，将社会主义核心

价值观、爱国主义情感、职业道德和社会责任感等思政元素有机融入，培养学生的综合素质和家国情怀。把"立德树人"作为教育的根本任务，将思想政治教育贯穿信息管理与信息系统专业的教学之中，实现思想政治教育与专业课程教学的有机融合。信息管理与信息系统专业课任课教师在传授专业知识的基础上，引导学生将所学的知识转化为内在德行，转化为自己精神系统的有机构成。任课教师在教学中，深入发掘专业课程的思想政治理论，从战略高度出发，形成专业教育课、思想政治理论课、综合素养课程三者合一的教育体系，从而促进专业的教育教学和人才培养，以构建全员、全过程、全方位育人格局，将信息管理与信息系统专业的各门课程与思想政治理论课同向同行，形成协同效应。

二、课程的思政元素

信息管理与信息系统专业课程思政元素主要包括以下几个方面。

国家意识和社会主义核心价值观。讲授国家信息化发展战略，培养学生的国家意识和社会责任感。通过课程思政，使学生了解国家信息化发展的现状和未来趋势，认识到自己在国家信息化建设中的责任和使命。有效利用专业知识结合社会主义核心价值观进行教学。例如，讲到"互联网+"，就可以联系社会主义核心价值观中的"富强"一词做进一步阐述，"互联网+"实现国家整个经济的转型和快速发展，为国家的快速发展和民族富强助力。在讲到信息的处理和共享时，可以联系社会主义核心价值观中的"公正"一词做进一步阐述，信息处理和共享是实现现代社会公平、公正、公开的基础和技术手段。

信息安全、信息技术伦理与法律法规。强调信息安全的重要性，培养学生的信息安全意识和相关技能。在信息管理与信息系统课程中，注重信息安全的外延教育，使学生了解信息安全的基本概念和原理，掌握信息安全防护的技术和方法。在课程中融入信息技术伦理教育，引导学生树立正确的信息技术使用观念，遵守信息技术伦理规范，防范信息技术滥用和违法犯罪行为。介绍信息法律法规，使学生了解与信息管理和信息系统相关的法律法规，增强法律意识和法律素养，做到知法、懂法、守法、用法。

跨学科知识融合。信息管理与信息系统专业是一个跨经济学、管理学、计算机科学的多学科交叉专业。在课程思政中，注重跨学科知识的融合和渗透，使学生掌握多学科的知识和方法，提高综合素质和创新能力。国家政策引领产业发展和教育方向，把握好国家政策有利于开展专业教学任务。例如，在讲解专业未来发展、将来可以从事哪些工作的时候，把专业教学内容和课程思政目标有机结合，让学生主动学习理解国家产业政策发展和个人职业发展的关系，更好地帮助学生明确前进的方向，使其明白自身的发展和国家的发展是一致的、不可分离的。既能提高学生的自学能力，还能让学生明白个人发展和国家建设息息相关。

职业素养与创新能力。培养学生高尚的家国情怀和职业道德，使学生遵纪守法，遵守所从事行业的职业规范。培养学生的创新意识和创业精神，鼓励学生在工作中积极参与创新性的研究任务，善于运用创新思维解决复杂问题。信息管理与信息系统专业是集管理、计算机、数学等多种相关专业于一体的交叉性学科，所学学科内容多种多样，就业方向众多，容易让学生摸不到头脑，找不到方向。这就要求教师在授课过程中，紧密结合社会人才需求，紧密把握社会发展趋势，将社会实践融入课程教学内容，潜移默化培养学生的专业自豪感。将工匠精神融入专业人才培养全过程，紧扣"三观"，让学生从工作伦理和职业态度两方面正确理解和认知工匠精神。

系统思维能力和实践应用能力。信息管理与信息系统专业是一门应用性极强的专业，其目标是培养应用型信息管理与信息系统高级人才，纯理论的教学方式是远远不够的。为了提升学生对学习的热情，以及对将来工作的信心，应将专业理论课程学习与实践课程相结合。这和信息系统的运营维护是一样的道理。信息系统需要定期的维护才能保证系统良好的性能，人也需要不断学习提升自己的社会价值。信息系统会出现这样那样的问题，人生历程也是布满荆棘。要用系统维护的思维去解决难题，积极乐观地面对生活，解决生活中这样那样的问题。强调理论与实践相结合，注重培养学生的实践能力和应用能力。通过课程思政，引导学生将所学知识应用到实际工作中，提高解决实际问题的能力。

团队合作和终身学习意识。信息系统是一个典型的人机复合系统，单纯的技术人才、单纯的智能软件、单纯的高新硬件无法完成信息管理的职能。从信息系统的这一特点出发，让学生感悟团队合作的重要性和必要性。管理信息系统是能够进行信息收集、传递、存储、加工、维护和使用的系统，其主要目的是处理信息流，并进行辅助决策，而做决策只能由人来进行，所以二者相互作用、相互影响、缺一不可，要正确界定人和计算机在信息系统中的地位和作用，充分发挥合作精神以及各自的长处，使信息系统达到整体优化。培养学生的终身学习意识及能力，使其对本专业相关领域的发展动态及新知识、新技术具有高度的敏锐性，能够不断学习和更新自己的知识和技能。

综上所述，信息管理与信息系统专业的课程思政内涵，涵盖了信息安全、国家意识、信息技术伦理、法律法规、跨学科知识融合、职业素养与创新能力、实践与应用能力以及终身学习意识等多个方面，如表10-1所示。通过这些方面的教育，旨在培养德、智、体、美、劳全面发展的社会主义建设者和接班人。

表10-1　专业课程思政元素挖掘点

		核心价值观	专业伦理	跨学科知识	职业素养	系统思维	终身学习
必修专业基础课	信息处理概论计算机原理	√	√		√	√	√
	离散数学及其应用	√	√			√	
	C语言程序设计	√	√		√		√
	创新思维与创新方法	√		√		√	
	数据结构	√	√		√	√	
	管理运筹学	√	√	√		√	√
	信息系统分析与设计	√	√		√	√	√
必修专业课	Java程序设计	√	√			√	
	数据库原理	√	√		√	√	√
	计算机网络及设计	√	√		√	√	√
	XML与Web数据管理	√	√	√			
	操作系统原理	√		√	√		
	管理统计学	√		√		√	√
	信息资源管理大数据管理	√	√	√		√	√
	商务数据分析	√	√				
	决策支持系统	√	√		√	√	√
必修实践课	信息管理课程设计	√		√	√		
	毕业论文	√	√	√	√	√	

续表

		核心价值观	专业伦理	跨学科知识	职业素养	系统思维	终身学习
限选专业基础课	专业导论	√	√		√		
	管理学	√	√	√			√
	Web 前端设计	√			√		
	Web 应用开发	√			√		
	信息管理专业英语	√					
	系统工程	√	√		√	√	
限选专业课	电子商务经济学	√	√				√
	跨境电子商务	√	√	√		√	√
	Java 高级编程	√				√	
	电子商务	√	√		√		√
	ERP 原理	√	√	√		√	
	信息系统项目管理	√	√				
	Oracle 数据库	√			√		
	Nosql 数据库原理及应用	√			√		
	人工智能与商务智能	√	√	√	√	√	√
	电子商务物流系统	√	√	√	√		
	生产与运作管理	√	√	√		√	
	大数据应用案例分析	√	√	√		√	

说明：课程名称和分类依据《2023级信息管理与信息系统专业培养方案》，不包含公共基础及通识教育课。此表中所挖掘的思政元素及关联仅供参考。

三、课程思政与课程教学目标的融合

（一）教学目标的定位融合

一方面，课程思政目标定位：注重培养学生对未知的探索、对真理的追求、对科学的热爱，激发学生科技报国的责任感和使命感，展现学生对国家科技发展的使命与担当；在课程教学中，把马克思主义的立场与观点融入教育与科学精神中，提高学生对问题的认知及分析能力。另一方面，课程教学目标定位：以学生为中心，基于OBE理念，培养能够充分利用信息技术解决组织管理问题，并将信息技术融入管理模式、产品和服务创新中的高素质复合型管理人才。在知识传授的同时开展价值塑造以及创新能力培养，帮助学生培养面对复杂问题寻求解决方案的综合能力和创新性思维。

课程思政与课程教学目标是融合的、一致的，而不是矛盾的、对立的。课程在追求理论、技术知识和能力的同时，也需要达到非技术性的相关要求。开展课程思政建设，需要融合课程教学目标和思政目标，如图10-1所示。将思政元素融入专业课程，首先要制定明确的教学目标，除知识目标和能力目标以外，还需要结合专业特点进一步明确课程的育人目标。在教学中融入社会主义核心价值观，加强学生理想信念、价值取向、政治信仰、社会责任感的教育，为学生一生的发展奠定思想基础和精神底色。

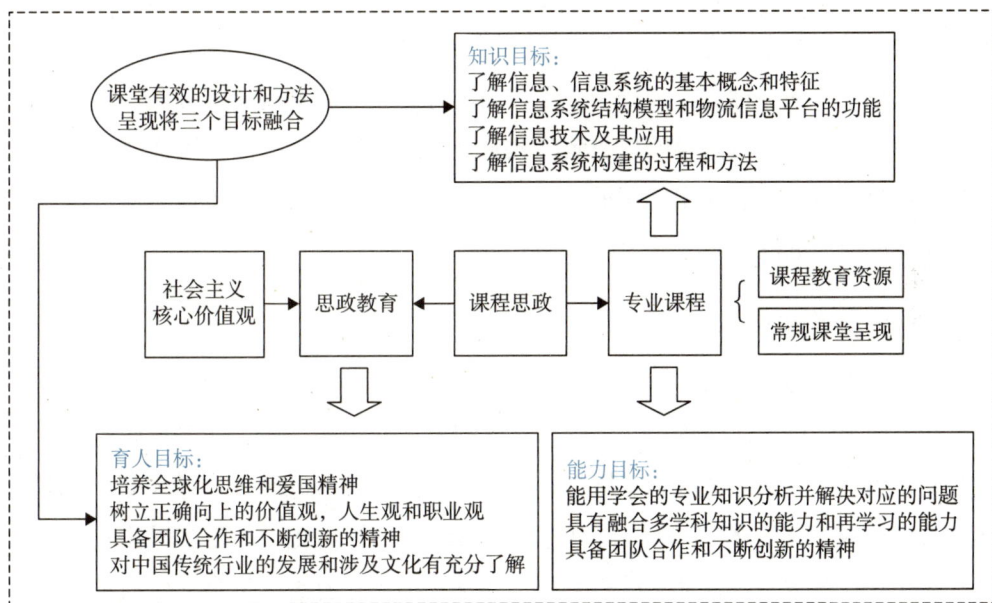

图10-1　专业课程融入思政元素的教学目标

（二）在课程教学体系中融入思想政治教育

在以学生能力培养为目标导向的理念指导下，信息管理与信息系统专业教学体系的设计紧紧围绕学生能力目标的设定，在提升学生能力素养的同时，将思想政治教育和价值塑造融入其中。在设计教学大纲和课程计划时，明确列出思政教育的目标，确保其与学科教学目标相协调。引进优秀的慕课资源和应用案例。在课堂中引入这些优秀的慕课教学资源，可以让学生了解该课程目前在国内顶级学府的教学现状，使其开阔眼界、增长学识。另外，通过引入一些行业和企业的应用案例，激发学生的学习热情，帮助其了解和明确从事信息管理与信息系统开发的职业操守和职业素养。加强线上线下指导环节，完善交流沟通渠道。通过网络通信工具及网络教学工具，如微信群、雨课堂等，在课程指导和答疑过程中加强与学生的沟通交流，及时掌握学生的思想动态，在指导学生掌握课程知识的过程中，潜移默化地用言行来引导学生成为踏实、认真、主动、积极的新时代学习者。

（三）创新教学方法与手段，注重课堂互动与实践

鼓励学生积极参与课堂讨论，发表自己的观点和看法，同时，教师要及时给予反馈和指导。组织社会实践活动、志愿服务等，让学生在实践中体验和感悟思政教育的内涵，如参观历史博物馆、参与社区服务等。鼓励学生积极"走出去"，深入企业实践，学习企业先进的技术和实践经验，丰富教学内容和教学案例，提高学生学习的兴趣。参加各种交流和培训，学习国内外的先进教育理念和方法，定期进行讨论，深入挖掘课程所蕴含的思想政治教育资源，在知识传授中注重强调价值的引领，在价值传播中注意凝聚知识的底蕴，让课程教学逐步实现"价值塑造、能力培养、知识传授"三位一体的教学目标。

（四）优化教学策略

在知识点中发掘思政元素。在教授专业知识时，注重从知识点中提炼出思政元素，如价值观、思想、思维等，让学生在掌握专业知识的同时，接受思政教育。将专业课程内容用一条思政线索串联起来，将思政点连接成思政线、思政面，与学术和方法融合成"多维体"，使思政教育更加系统化和结构化。利用多媒体教学、网络教学等现代技术手段，使思政教育更加生动、形象、有趣，提高学生的参与度和兴趣。

第三节　信息管理与信息系统专业课程思政教学的方法

一、课程思政元素在课程教学大纲中的体现

从课程教学入手，在课程大纲中提出课程思政的要求以及思政内容的安排。教学大纲是根据学科内容及其体系和教学计划的要求，编写的教学指导性文件。在设计教学大纲时，要明确课程的基本思政理念和思政教学目标，对照信息管理与信息系统专业人才培养方案中的毕业要求，挖掘教学内容，寻找思政教育与课程内容的结合点，确保学生不仅能掌握专业知识，还能形成正确的世界观、人生观和价值观。同时分析课程内容，积累思政素材，找出与思政相关的知识点、案例、人物等，作为思政元素的载体。设计开展思政教育的教学环节，将思政元素与课程内容有机结合，形成具有思政特色的教学内容体系。修改课程教学效果要求，明确身心素质、职业素养、团队协作与课程教学效果之间的对应关系。在教学中，通过丰富的教学手段，实施多样化、嵌入式的思想政治教育，在课程内容中设计一些思政专题，如"职业道德""社会责任""国家发展"等，引导学生深入思考并展开讨论。引入与课程内容相关的典型案例，让学生分析案例中的思政元素，提高思政教育的针对性和实效性。

二、课程思政元素在课程教学中的表现方式

综合运用多学科知识，在教学过程中，教师以学生为本，以正确的政治方向、高尚的道德情操、严谨的治学态度和认真的工作态度来引导学生，围绕信息管理教学，分工协作，解决问题，形成结论，从而拓展学生思维，有效提高学生的综合

素质。将价值导向和知识传授相融合，将思想价值引领贯穿主要教学环节，实现认知、态度、情感和行为的认同，在传授知识和培养能力的同时，弘扬社会主义核心价值观，传播正能量。

（一）混合式教学模式实践

结合信息系统课程内容及受众的特点，采用基于翻转课堂的线上线下相结合的教学模式，实现教学模式的改革和创新，提高教学效果如图10-2所示。课程思政应采用本学科特有的知识体系和表达方式，将蕴含的思政要素和德育功能融入专业知识点。运用现代信息技术展示教学内容，通过在线教学平台及时上传教学内容资源，将教学案例、教学视频穿插引导，并与课堂讨论有机结合，形成教育合力。利用目前一些主流教学平台，如慕课、雨课堂、超星教学平台、学习通等网络平台，结合智能手机，实现碎片化和趣味化传播，一方面，可以让更多学生接触到优质课程内容，另一方面，也符合"00"后大学生随时随地学习的时代特征。课程内容的制作也可以结合目前新兴的短视频形式，采用竖屏、互动选择、课后直播答疑等方式。

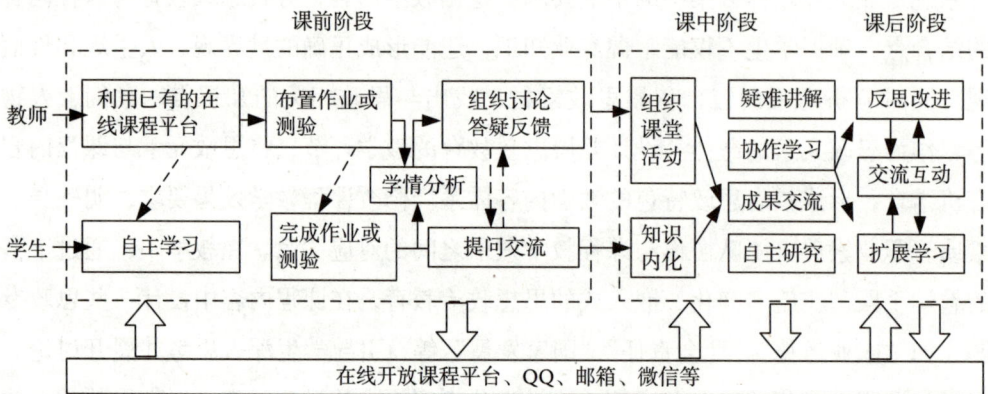

图10-2 线上线下混合教学模式

（二）多元化的教学方法探索

采用引导式教学，鼓励自主式学习，在其中有机融入案例教学法、任务驱动的教学法、问题式教学法、直观演示法、讨论式、启发式等多种教学方法，积极引导学生全程参与和自主探索。

引导式教学。注重启发是课程思政的内在要求，是能动的认知、认同、内化，而非被动地注入、移植、揳入，非填鸭式的宣传教育。改变以往以教师讲授为主导的授课形式，探索引导式教学。以引导方式教学，激发学生主动学习的热情，不仅能较大程度上帮助学生提高学习兴趣，还能鼓励学生积极向上的多元发散式思考，而不是将教师对学科发展方向、专业应用领域、未来职业规划等内容的见解强加于学生，使学生的思维禁锢在单一的思维轨迹上。从课堂形式上看，课程思政背景下的改革创新，考虑更多的是如何引导学生带着问题思考、学习、研究，使学习更有效率和兴趣，而不是一如既往地开发被动式接收、"多输入少输出"的学习方式。

自主式学习。课程思政的教育元素，不是从抽象的理论概念中逻辑推导出来的，而是从实际出发，从学科知识与社会实践结合中去寻找，在社会实践中寻求解释理论，依据实际来修正理论逻辑。坚持春风化雨的方式，使学生从被动、自发的学习转向主动、自觉地学习，主动付诸实践。鼓励以学生为中心的课堂学习，开拓和发展学生自主学习的能力，倡导以生为本的教学理念。充分利用好课前课后的时间，鼓励学生自主学习，培养课前预习—课中思考—课后总结的学习习惯，倡导师生互动、生生互动、人机互动等多元互动模式，拓宽学习思路。同时，积极探索创新课堂形式，组织学生开展小组讨论、研究汇报、PPT成果展示、案例研究等形式的学习，不仅能快速增强学生的自信，还能在总结过程中对知识点盲区查漏补缺，真正达到自主学习的优化效果。

（三）"互联网+"的思政教学载体

"互联网+"背景提高了资源的传播效率，也让课程的受众变得更加广泛，对于信息管理与信息系统专业课程思政的建设，可以结合相关的渠道进行传播。首先，借助技术手段搭建网络平台，通过平台发布思政元素下的课程内容，一方面可以增加学生对于信息平台的直观认识，另一方面可以加强信息管理与信息系统课程思政的传播。其次，利用公众号进行课程文章推送，教师可以将信息管理与信息系统中的课程探索发布到微信公众号上，鼓励学生留言互动，利用碎片化时间提升交流效率；还可以更好地传播到微信群或者朋友圈中，加强传播范围。利用专题应用程序、微博等混合式网站，为信息管理与信息系统课程思政的传播提供载体，增强课程的吸引力。最后，将学生上课时针对信息管理与信息系统思政元素开展的一系列讨论、演讲、辩论赛的内容制作成趣味短视频，以此来加强学生对于课程的传播意愿。可以在更多渠道上传播，如抖音、快手等短视频平台，引发更多相关人员对于信息系统课程思政的兴趣和学习。

三、课程思政元素在课程教学中的总体设计

（一）坚持系统观念，实现系统性与协同性的统一

压实系统内部管控和整体集成的知识，指导学生以整体、协同、开放的系统观念分析、解决问题，达到管理科学、系统科学和专业知识相结合的目标，产学研用多主体协同，提升分析经济管理领域实践问题的业务能力，如图10-3所示。在专业课程教学中，将家国情怀、专业伦理、职业道德、科学素养、人文元素贯穿培养方案的修订、教学大纲的撰写、课程目标的定义、课程评价的完善等全过程，实现思政元素的有效嵌入和有机融合，达到课程思政与思政课程的协同运作。

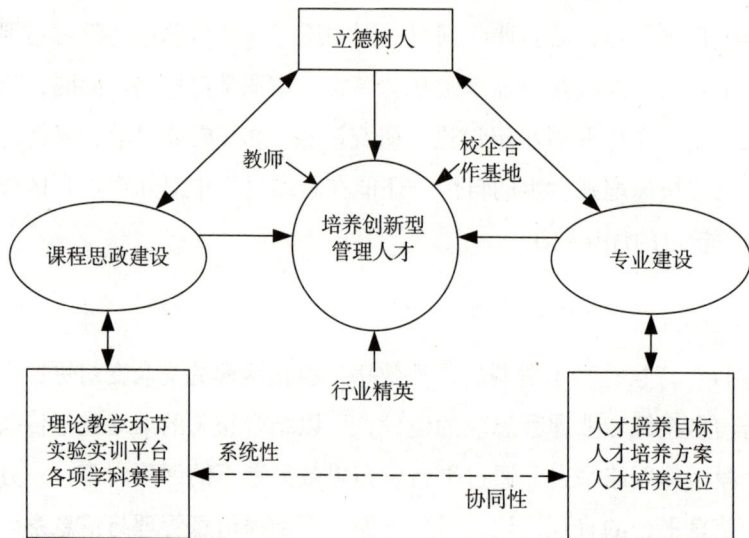

图10-3　产学研用多主体协同的思政育人路径设计

（二）课程教学总体设计策略

为达成课程目标，便于学生接受，在进行思政教学设计时，不能刻意融入。具体的实践路径通常采取点位式融合，即思政教育的融入是见缝插针式的，贯穿课程教学的全过程。其具体课程教学策略设计包括以下几个方面。

1.在教学过程中加强思政教育和职业素质教育

在教学过程中，潜移默化地引入理想信念、价值取向、政治信仰、社会责任等题材和内容，以培养明辨是非、德才兼备、全面发展的高素质人才；通过介绍该职位基本情况、发展规划等内容，使学生了解职业定位，从而使学生掌握岗位要求的知识技能模块，培养其职业责任感和社会责任感，规划其职业生涯。

2. 在课程实践过程中强化育人理念

根据课程实践性强的特点，以培养学生实践能力和综合能力为核心，在实践过程中践行育人理念，通过开发项目设计、编写调试程序等工程实践环节，培养学生敬业、精益求精、专注、创新的工匠精神。

3. 利用综合评价方法巩固育人成果

通过随堂测验、翻转课堂效果评价、实践作业答辩、学生互评等多元化评价方法，引导学生求真务实，培养学生逻辑思维能力和辩证思维能力，以利于形成科学的世界观和方法论，巩固课堂教学中的育人成果。

第四节　信息管理与信息系统专业课程思政教学的评价

一、学生课程思政学习的考核方式和方法

设计与课程理论、技术知识和能力考核相统一的课程思政考核方式，要求学生不仅了解，还要在面向实际问题时有所体现。因此，应构建综合评价体系，形成多样化的评价方式。从专业知识技能掌握程度和德育两方面构建综合考核评价体系，改变以往德育评价指标单一化和低权重的情况。采用教师评价、学生自评和组内互评三种方式，按照一定的权重对学生的课堂表现、知识学习、课外活动等进行综合客观评定。课程思政实施的落脚点在于学生思想政治素质的提升，具体表现为是否形成健康的专业伦理和科学的信仰及良好的行为习惯。因此，单一维度的考核难以评价课程思政的效果，需要过程性与自主性相结合的多元化考核模式。设置课堂讨

论、小论文答辩、大学生创新创业教育、学科竞赛等多种考核环节。鼓励学生撰写科研论文，聚焦本专业研究热点，正确认识科研责任和历史使命；指导学生参加高层次科技创新大赛，使课程的考核评价向政治素质、人文素质、职业道德、社会责任感等多维度延伸。

二、教师课程思政教学的考核方式和方法

考核方式主要包括四个方面。一是学生评价。通过学生评教的方式，收集学生对教师教学态度、教学方法、教学效果等方面的评价。这种评价方式能够直接反映专业课教师在开展课程思政教学中的效果。二是同行评价。组织同行教师进行教学观摩，对教师的课堂教学、教学设计、课程思政融入情况等进行评价。三是专家评价。邀请校外专家或校内教学督导对教师的课程思政教学进行客观全面的评估。四是自我评价。任课教师进行反思和总结，分析自己的教学优势和不足，提出改进措施，不断提高课程思政教学水平。

考核方法主要包括四类。一是教学文档检查。检查教师融合课程思政元素的教学大纲、教学日历、教案、课件等教学文档，评估教师对课程思政的理解和融入情况。二是课堂观察。通过随堂听课的方式，直观了解教师的教学水平和教学表现，包括教学内容、教学方法、课堂氛围等。三是学生作业、测试和试卷分析。分析学生的作业完成情况，日常测试的内容以及期末试卷，评估学生对课程思政内容的掌握程度和应用能力，以反映教师的教学效果。四是教学案例分享。鼓励教师撰写和分享专业课程思政教学案例，促进教师之间的交流和学习，提高教学水平。

三、课程思政教学的评价方式和方法

从多个维度进行课程思政教学评价，以确保全面、准确地评估其效果。

定量考核。通过分析学生成绩了解学生对思政内容的掌握情况，包括平时成绩、阶段考核成绩和终末性考核成绩。尤其要在平时成绩考核中统计学生的参与度，包括统计学生在课堂讨论、实践活动中的参与度，评估学生对思政教学的兴趣和投入程度。

问卷调查反馈。通过问卷调查、访谈等方式，收集学生和老师对本专业开展课

程思政教学的反馈意见，了解学生对思政内容的接受程度、对教学方法的满意度，了解教师在开展思政教学中存在的难点和痛点。

实践成果展示。通过学生提交与思政内容相关的实践成果，如项目报告、社会实践报告等，评估学生将思政理论应用于实践和竞赛的能力。

考核方法主要包括以下三种。

教学质量评价法。观察专业在人才培养方案、人才培养目标中融合课程思政的程度，观察各门专业课程和授课教师的思政教学效果。

强化反馈机制。建立有效的反馈机制。及时向学生和教师反馈评价结果，促进教学改进和学生学习进步。

专业自我评价与互评法。定期对专业开展课程思政的教学情况进行全面评估，包括了解教师的教学方法和学生的学习状态、评估教师和学生的思政素养、评估学生在竞赛和实践中的思政表现等。

第五节　教师开展课程思政教学能力要求与提升

一、教师开展课程思政应具备的条件

（一）专业能力与思政素养

扎实的专业知识。教师应具备深厚的信息管理与信息系统专业知识，能够准确、全面地传授学科知识。

思想政治教育理论素养。教师应具备扎实的马克思主义理论功底，深刻理解党的教育方针和政策，了解思政教育的基本原则和方法，能准确把握思政教育的目标和要求。

跨学科融合能力。教师应能将思政教育与信息管理与信息系统专业知识相结合，实现思政元素在专业课程中的有效融入，找到两者之间的契合点，使思政教育更加贴近学生实际，提高教学的针对性和实效性。

开展课程思政需要教师具备高度的责任心和使命感。教师应认识到思政教育的重要性，将其视为教书育人的重要任务，积极投身课程思政的教学实践。

（二）教学能力与方法

创新能力。教师应具备创新思维和创新能力，能不断探索和尝试新的教学方法和手段，提高课程思政的吸引力和实效性。

教学设计能力。教师应能够根据学生的实际情况和课程要求，合理设计课程思政的教学内容、教学方法和教学评价等。

课堂组织能力。教师应具备良好的课堂组织能力，能够引导学生积极参与课堂讨论和实践活动，提高学生的学习兴趣和参与度。持续学习与自我提升：思政教育是一个不断发展的领域，新的理论和方法不断涌现。教师应具备持续学习和自我提升的意识，不断更新知识结构和教学方法，提高自身的专业素养和教学能力。

（三）情感态度与价值观

热爱教育事业。教师应热爱教育事业，具有高度的责任感和使命感，积极投身课程思政的教学实践。

关爱学生成长。教师应关心学生的成长和发展，尊重学生的个性差异，关注学生的思想动态和心理健康。

正确的价值观导向。教师应具有正确的世界观、人生观和价值观，能够引导学生树立正确的价值观，培养学生的社会责任感和历史使命感。

团队合作与沟通能力。教师应具备良好的团队合作和沟通能力，能够与其他教师、学生以及社会各界进行有效沟通和合作。

二、教师课程思政教学能力培训

教师在教学活动中时刻保持育人意识，通过参加各级各类思想政治学习不断增强自身的育人能力。在加强对教师思政培训的同时，应采取集体备课、同行听课评课、校级院级二级督导听课评课等多种形式，帮助教师找准自身定位，端正对课程思政的认知，明确思政教育与专业课程之间相辅相成的关系，不断提升教师的课程思政能力。

多渠道提升教师课程思政的教学能力和教学方法。专业教师不是生来具备思政意识，尤其是有些教师是党外人士，更需要从源头提高思政认识，组织各种形式的教育与培训，不能生搬硬套，而应基于案例引入研讨问题。

另外，在假期多提供优秀教师外出进修和学习机会，将成功的案例和学习心得带回分享。利用校级和院级教学竞赛，激励教师主动教学改革的意愿，通过外出进修提升教学能力和教学方法。

三、课程思政的制度和机制建设

专业课践行课程思政不是一朝一夕的事，需要学校高度重视、倾注大量人力、物力、时间，强化课程团队建设，通过制度和机制保证教师开展课程思政教学活动。

学校教务部门应该统筹规划、形成系统性的顶层设计。构建学校层面的课程思政改革小组，形成由校长牵头、分管教学校长主抓，各个学院和科研院所教学负责人参与的架构模式。在现有的"分管教学副院长—系—教师"和"分管学生工作副书记—班级—学生"两条主线的教学质量保障体系下，从管理层清晰课程思政的内涵和实践过程及要求，进一步动员和发动全体教师参与课程思政，出台相应文件和措施，充分发挥专业教师在学生思政教育中的作用。

出台相应保障和激励措施，鼓励教师开展课程思政教学建设。课程思政需要教师花费大量时间搜集思政元素，要对现有教学体系和教学内容进行重构。因此，应将课程思政的教学成果作为教师绩效考核的重要指标之一，与职称评定、评奖评优挂钩。设立专门的课程思政教学奖励，表彰在课程思政方面表现突出的教师。

支持教师参加课程思政交流和培训。鼓励教师之间开展交流与合作，共同研究课程思政教学的方法和策略。举办课程思政教学研讨会、经验交流会等活动，分享成功的教学案例和经验，促进教师之间的学习与借鉴。定期组织教师参加课程思政相关的培训，提供在线学习资源和平台，鼓励教师自主学习，不断提高教师的思政教育理论水平和教学能力。

第十一章　行政管理专业课程思政教学工作指引

第一节　绪论

哲学社会科学的课程思政，不仅具有在课程体系中融入思政元素的共性要求，而且担负着培育学生政治意识、人文素养、文化自信的独特使命。公共管理学科作为哲学社会科学的重要组成部分，扎根中国大地，贴近时代前沿，紧扣治理脉搏，具备开展课程思政的优势和特色。行政管理是公共管理学科最为基础和重要的方向之一，旨在提高政府的治理能力和公共服务的公平与效率，这必然与一个国家的政治理念、社会价值观和文化传统紧密相连，决定了课程思政对于行政管理专业建设和人才培养的重要性。

一、行政管理专业课程思政的现实性

党的十九届四中全会通过的《中共中央关于坚持和完善中国特色社会主义制度推进国家治理体系和治理能力现代化若干重大问题的决定》明确，"国家行政管理承担着按照党和国家决策部署推动经济社会发展、管理社会事务、服务人民群众的

重大职责"。在国家治理体系和治理能力现代化深入推进，建设服务型政府的背景下，行政管理专业人才培养的政治性、时代性日益凸显。"建设人民满意的服务型政府"要求行政管理专业人才信念坚定，具备高度的责任感和使命感，具有宗旨意识和服务精神，课程思政成为提升学生综合素养和专业素养的必然要求和必要条件。

行政管理是政府运用公共权力，依法对国家事务、社会公共事务和自身内部事务实施管理的活动。行政管理学是治国之学，是国家管理体系的一部分。中国的国家行政管理具着充分的历史传承，思想多源和制度汇源的特点，秉承中华文明长期以来的制度传统，又结合世界最新的公共管理发展潮流，形成具有高度文明独特性，又具有高度适应性与现代性的特殊体系。本着"集人类之大智慧，行天下之公义之事"的专业理想，行政管理专业致力于服务国家治理体系和治理能力现代化的重大需求，回应海洋强国和交通强国的建设需要。这对培养具有国际视野、坚定的制度和文化自信、高度的责任感和使命感的高素质专业化行政管理专业人才，提出了迫切需求。

二、行政管理专业课程思政教学的目标和原则

（一）课程思政教学目标

行政管理专业的课程思政注重以人民为中心的价值观的培育，强调国家观念、政治意识和爱国教育，凸显全球视野和历史与文化传统的继承，提倡守护公共利益、促进国家善治的道德伦理，鼓励学生投身国家行政管理和公共服务的事业，为国家和社会做出积极贡献。

（二）课程思政教学的主要原则

1.价值引领与理论教育的统一

行政管理专业课程思政注重建构具有意识形态性、政治性的价值体系，培养学生的社会主义核心价值观，坚定马克思主义信仰。作为一个既实际又理论的专业，行政管理专业的课程思政的价值引领需要与理论思维的培育相结合，理论思维旨在培育学生的理论素养，使其具备运用正确的价值观和运用公共管理的相关理论分析复杂公共管理问题的能力。

2. 科学精神与人文精神的融合

行政管理专业课程思政提倡在以人民为中心的行政价值观引领下的理性和实证性、求真务实与开拓创新的融合，树立科学又规范，理想又实际的职业追求和公共服务使命。

3. 话语体系与知识体系的同构

行政管理专业课程思政将构建和传播中国特色的公共管理话语体系与传授行政管理专业知识体系同态构造，以话语元素、话语机制、话语脉络串联专业课程的知识单元和价值元素，为学生提供整体性的知识与价值构造。

4. 知识传授与能力培育的互构

行政管理专业课程思政提倡教师与教师、教师与学生之间的交流互动，引导学生主动参与到全球和国家行政管理的实践的案例分析、比较分析、学术讨论中来，增强自信心和认同感。

第二节　行政管理专业课程思政的内涵、思政元素及其与课程目标的融合

行政管理专业课程思政教育要与时代发展相同步，紧密结合中国式现代化和国家治理体系和治理能力现代化，与时代脉搏同频共振。

一、课程思政的内涵

行政管理专业课程思政综合了专业核心价值、人文素养、一般管理技能和专业技能等，在各学科和专业的课程思政中具有独特性。由于它与国家大政方针和公共事务的紧密关联性，以及涉及管理学、政治学、法学、社会学、经济学等多学科知识领域，在课程思政的内容建设中具有广泛的适用性。行政管理专业的课程思政理念应深入到教学、研究和实践，为学生提供全面、平衡且具有前瞻性的专业教育、素质教育和素养教育。

行政管理专业课程思政强调对学生进行全面、系统的价值观塑造和能力培养，使他们既有正确的政治意识、良好的理论素养，又具备公共行政的职业素养和前沿的创新思维，促使他们在未来的公共管理工作中，为社会和民众提供更好的服务。行政管理专业课程思政突出学校和学科特色，是在国家治理、政府治理、社会治理、海洋和交通治理等层面，为培育学生维护国家利益，矢志为民服务，公正履行职责，勇于担当奉献，清正廉洁自律的政治意识、思想道德和专业素养，而进行的价值培育、理论和思维训练，以及能力培养的教育教学活动。

二、课程的思政元素

行政管理专业面向为党政机关、事业单位、社会团体等公共部门培养公共管理和服务人才的专业教育教学目标，将个人的专业素养与国家治理体系和治理能力现代化的宏伟目标统一起来。

（一）课程思政元素的设计原则

1. 坚持为党育人，为国育才

行政管理专业面向国家行政管理，为中国式现代化、国家治理体系和治理能力现代化培养精英人才，为党政机关、事业单位、社会团体等公共部门培养管理和服务人才。为党育人、为国育才，培养担当民族复兴大任的时代新人，培养担负国家治理、政府治理、社会治理重任的专业人才，是行政管理专业课程思政的目标和使命。首先，注重政治意识、国家观念和爱国教育。面向"中国之治"，行政管理专业课程思政要与中国式现代化、中国特色国家治理现代化紧密地联系在一起，培育学生对国家、民族，以及中国特色社会主义道路、理论、制度、文化的认同和归属感，强调公共管理在国家富强、民族振兴中的责任和角色。其次，注重以人民为中心的价值观的培育。强调以人民为中心、人民至上，坚持以"为人民服务、对人民负责、受人民监督"为出发点，倡导公共利益、公正、透明度、责任和公众参与等核心价值，使学生明确从事公共治理、公共服务的使命和职业追求。最后，注重公共服务的道德与伦理的教育。确保学生在公共决策和管理中始终保持高尚的道德和伦理标准，对公共利益负责。

2. 提倡三位一体，系统创新

行政管理专业课程思政是以立德树人为根本任务，以知识培养为基础，以能力提升为核心，以质量体系为关键，以政学协同为平台进行人才的培养。行政管理专业课程思政提倡价值塑造、知识传授和能力培养的"三位一体"，深入挖掘并清晰定位每门课程的思政内涵。行政管理专业课程思政还要求将中国共产党治国理政的经验、方略，人民至上的治国理政之道和自主的公共管理知识体系和话语体系构建结合起来，并有机注入政党、国家、政府、社会、人民五大元素，将课程思政的理论阐释置于中国场景、解释中国实践、回应中国问题中，通过"硬思政"与"软思政"的结合、现实关怀与理论对话的融合、知识体系与话语建构的契合、共性元素与个性元素的聚合，实现行政管理专业课程思政的知识链条、培育过程的贯通，实现系统创新。

3.注重开放包容，实践参与

行政管理应当培养具有守望公正之心、坚持共治之行、精通管法之道、具备理政之才的专业人才。行政管理专业课程思政强调"中国性"，这里的"中国性"是具有全球意义的本土性：既强调国家行政管理在特定的历史、文化和社会背景下的重要性，促使学生了解和尊重传统，并在此基础上进行创新；也鼓励学生了解和学习国际最佳实践，培养其在全球化背景下的合作和沟通能力。行政管理专业课程思政提倡多元与包容，鼓励学生尊重多元文化，培养其在复杂环境中进行公共管理的能力。行政管理专业课程思政鼓励学生对公共问题、政策和实践进行批判性分析，促进他们独立思考和提出创新性解决方案，并提倡通过实地考察等方式，让学生亲身体验公共管理的实际工作，增强其实践能力和参与意识。

（二）课程思政元素的主要领域

行政管理专业课程中蕴含着丰富的课程思政元素，课程思政元素的挖掘需要从政治意识、公共精神、社会责任、人文情怀相结合的角度进行，并注重通用与特殊兼容，深度挖掘学校、学科的专业特色和教研优势，打造具有特色的课程思政元素。行政管理专业课程思政元素的主要领域包括以下四个方面。

1.价值观和伦理。

中国的国家行政管理必然是基于马克思主义的基本原理和中国特色社会主义的价值取向，在此基础上构建行政价值观和行政伦理，涉及政治信仰、权力观、人民主体观、民主观、公共利益、社会公正等元素。

2.法治和制度

政府如何运作、权力如何制衡、政策如何实施，都涉及法律和制度设计，这些制度设计必然与中国的国家性质、政权组织形式、政府行政体制和运作机制等相适应，包括政府在国家治理体系中的角色和作用、法治政府、政府组织结构、社会建设，以及政府与社会、政府与企业、政府与非政府组织之间的关系。这些制度和关系的建立及运行，须基于中国特色社会主义共同的价值观和政治信仰。

3. 治理现代化

行政管理的目的之一是提高国家治理的效率和效果，这与政府改革和创新的战略、理念和目标密切相关，涉及对"中国之治"、中国式现代化、国家治理体系和治理能力现代化、全过程人民民主等重要观念的理解和认同。

4. 行政行为

主要涉及政府行政机关的领导方式、组织文化和个体行为等，需要兼具政治、科学管理、民主行政和创新观念。同时，培养有责任感和公民素养的公民，让他们参与到公共决策和社会治理中，也是行政管理专业教育与课程思政的交叉点。

（三）课程思政元素的内容体系

基于课程思政的领域，行政管理专业课程思政的元素可以提炼为行政历史观、行政制度观、行政法治观、行政责任观、为民服务观、民主行政观、协同治理观等。

1. 行政历史观

以历史唯物主义和辩证唯物主义的方法论认识和理解中国国家治理的悠久传统和历史流变，以及当代的发展和未来走向。主要涉及政治意识、国家观念、唯物史观，核心要素包括治国理政传统、治理思想和文化、中国特色的公共管理、政府作用、公共行政的全球对话和多元思想等。

2. 行政制度观

从历史传承性、思想多元性和制度汇源性的角度，理解中国国家治理和政府治理制度的高度文明独特性、适应性和现代性，以及对解决人类面临共同问题的意义和贡献。主要涉及对中国式现代化、中国之治、国家治理体系和治理能力现代化的理解，包括国家治理的制度优势、制度结构、制度变迁、制度互通互鉴，以及制度正义等。

3. 行政法治观

从法治国家和法治政府的角度，认识国家行政管理必须具有法治意识、法治精神、法治素养。主要涉及对法治政府、法治社会、依法行政、行政行为、行政监督等的认识，核心要素包括中国特色社会主义法治、政府在依法治国中的地位和作用、法治思维能力、依法行政能力等。

4.行政责任观

从人民主体论、人民幸福论和政绩观的角度，确立政府行政在中国式现代化、国家治理体系和治理能力现代化中的责任与使命。思政元素主要涉及公共利益、权力观、行政行为规范、目标管理、绩效评价、透明决策、公众参与等。

5.为民服务观

从服务型政府建设的角度，树立"为人民服务、对人民负责、受人民监督"的行为准则和理想。核心是"以人民为中心"的价值观和服务型政府的理念，思政元素包括服务意识、服务精神、服务效能等。

6.民主行政观

从全过程人民民主、参与式治理的角度，确立人民群众的参与是国家行政管理的重要构成和必然要求的理念。核心是人民当家作主的价值理念，思政元素包括公民参与、治理的回应性、领导决策民主化，以及行政组织内部的民主等。

7.协同治理观

以系统的观念认识国家行政管理在经济社会发展、国家治理、社会治理中地位和作用，树立系统协同、组织协同和团队协作意识。核心是系统思维和合作共赢意识，思政元素包括多元主体协同共治、协商民主、合作治理、伙伴关系等。

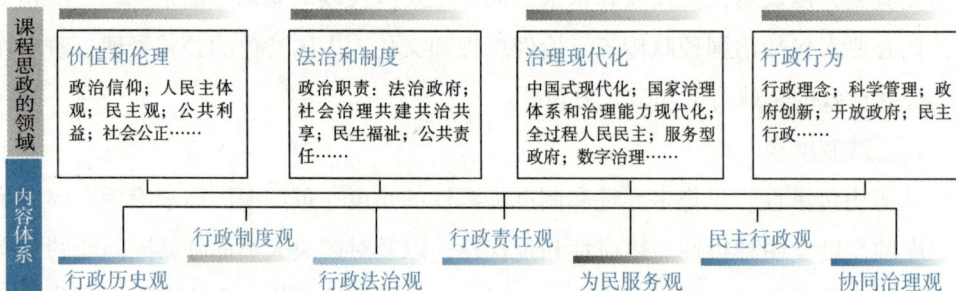

图11-1　行政管理专业课程思政元素的领域和内容体系

（四）课程思政元素与课程体系的对应关系

行政管理专业课程体系分为专业基础课（必修/限选）、专业及方向课程（必修/限选），以及实践环节等模块，各模块的专业课程分别对应各自课程思政的领域和内容体系，构成专业课程体系与课程思政元素体系化的支撑关系，如图11-2所示。

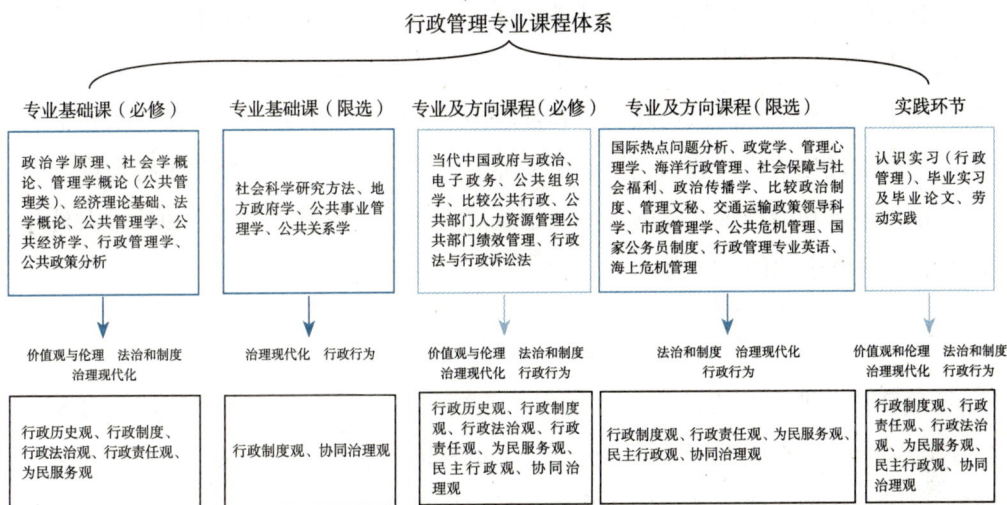

行政管理专业课程体系

专业基础课（必修）	专业基础课（限选）	专业及方向课程（必修）	专业及方向课程（限选）	实践环节
政治学原理、社会学概论、管理学概论（公共管理类）、经济理论基础、法学概论、公共管理学、公共经济学、行政管理学、公共政策分析	社会科学研究方法、地方政府学、公共事业管理学、公共关系学	当代中国政府与政治、电子政务、公共组织学、比较公共行政、公共部门人力资源管理公共部门绩效管理、行政法与行政诉讼法	国际热点问题分析、政党学、管理心理学、海洋行政管理、社会保障与社会福利、政治传播学、比较政治制度、管理文秘、交通运输政策领导科学、市政管理学、公共危机管理、国家公务员制度、行政管理专业英语、海上危机管理	认识实习（行政管理）、毕业实习及毕业论文、劳动实践

价值观与伦理　法治和制度治理现代化	治理现代化　行政行为	价值观与伦理　法治和制度行政行为	法治和制度　治理现代化行政行为	价值观和伦理治理现代化　行政行为
行政历史观、行政制度观、行政法治观、行政责任观、为民服务观	行政制度观、协同治理观	行政历史观、行政制度观、行政法治观、行政责任观、为民服务观、民主行政观、协同治理观	行政制度观、行政责任观、为民服务观、民主行政观、协同治理观	行政制度观、行政责任观、行政法治观、为民服务观、民主行政观、协同治理观

图11-2　行政管理专业课程思政元素与专业课程的对应关系

三、课程思政与课程教学目标的融合

行政管理专业课程思政的核心是实现"知识传授"与"价值引领"双轮驱动。课程目标达成过程中，行政管理专业课程思政不仅有助于提升学生的专业能力，还能树立正确的价值观和人生观，培育专业素养和职业道德修养，实现知识、能力与素养的全面发展。行政管理专业课程教学目标包括素质目标、知识目标和能力目标，这些目标由公共基础及通识教育课、专业(类)基础课、专业及方向课程，以及实践教学环节共同支撑和达成。课程思政以体系化和模块化的思政元素，面向不同类型的课程，有针对性地匹配不同教学目标，提供全面的内容和方法支持。

（一）丰富课程内容，深化目标内涵

专业基础课程中融入马克思主义基本原理，辩证唯物主义和历史唯物主义的方法论，通过历史事件、历史脉络和全球视野，认识科学理论、时代责任，使课程目标更具层次感和实践意义。在专业及方向的核心课程中，如行政管理学、公共管理学、比较公共行政、公共部门人力资源管理等，融入价值观和伦理、公共服务精神，强调国家治理和政策、制度分析的辩证性、具体性、互补性和条件性，培育学生的思辨性、开放性、创新性思维，提升课程教学目标的关联性和协同性。在管理

科学和方法类课程中，如管理学原理、领导科学、社会科学研究方法、市政管理学，结合课程内容强化学生的职业精神和社会担当，提倡技术应用中的责任意识，正反案例中的价值观塑造，历史发展中的爱国情怀。在专业实习、创新创业实践、社会实践中，引导学生深入实践认识和理解国家行政管理的职责与功能，培育学生对政府治理现代化的使命感。在毕业论文环节，结合研究课题引导学生将理论知识与国家治理体系和治理现代化的现实问题及需求结合，运用科学理论和技术工具开展研究，培育学生的创新能力。

（二）激发学生的学习动力和价值认同

行政管理专业课程思政将行政管理专业知识与国家治理体系和治理能力现代化、社会需求、个人成长相联系，促使学生更好地理解学习的意义，从而增强学习动力和内驱力。如：通过展示公共管理学科、行政管理专业的历史发展及对国家治理、政府治理的作用，增强学生专业知识的价值和成就感，结合社会热点问题或争议性的热点问题，如城市治理、电子公共服务、机构改革、教育公平、环境保护政策等，设置引导性问题，引导学生从多角度分析问题，鼓励学生提出政策建议和改进方案，培养学生分析问题、解决问题的能力。

（三）培养创新思维与社会责任

行政管理专业课程思政强调将个人发展与社会需求相结合，培养学生的问题解决能力和社会责任感。如：在地方政府的相关课程中，分析国家治理的全局性、统一性、统筹性与地方政府的主动性、自发性的关系，引导学生关注公共管理的局部和个体的角色与作用；在海洋行政管理和交通运输政策等特色课程中，通过行业领域的案例分析，培养学生对建设交通强国和海洋强国的责任感；在实践课程中，引导学生关注乡村振兴、社区服务等社会议题，通过具体项目学习解决实际问题；在创新创业课程中，强调创业过程中诚信与社会责任的重要性。

（四）通过教学设计和教学方法创新促进课程目标达成

行政管理专业课程思政应明确课程的思政目标，将知识传授与价值目标进行结合设计：一是知识目标与思政目标对接。如在电子政务课程中，知识目标是掌握公共部门应用信息技术进行改革和创新的理论、方法与途径，价值目标要培养学生将技术能力与人文精神结合起来，塑造一个更现代化和人本化的政府治理的认识。二是能力目标与社会责任结合。如在社会科学研究方法课程中，能力目标是能够应用定量和定性的科学方法提出问题和分析问题，思政目标是科学精神、科研诚信。三是教学评价与思政目标融合。在学生作业、考试、毕业论文设计中增加社会责任或道德考量，作为评价标准的一部分。

教师在设计教学目标和内容时，应采用多种方式将课程思政有效融入：一是，案例教学。通过选择具有思想教育意义的案例，通过分析和讨论引导学生思考行政行为的伦理、法律和社会责任。如在公共危机管理中，通过对突发公共事件的数据分析探讨责任与改进。二是，政策解读。结合国家行政管理的重大举措和政策，如机构改革、放管服、优化营商环境、一体化政务服务等，激励学生关注和解决现实问题，增强对国家治理现代化的信心。三是，情境教学。设计与学生未来职业密切相关的情境，如在课程中设置学生模拟政策制订者、社会调查者等角色，分析社会问题并提出解决方案，增强学习的代入感和实践和责任意识。四是，互动讨论。通过主题讨论引导学生关注专业领域内的伦理、社会和文化问题。

第三节　行政管理专业课程思政教学的方法

行政管理专业课程思政教学提倡思政元素在教学过程中的多层次、广覆盖、全贯通，强调教学理念的引导性与主体性、灌输性与启发性、显性教育与隐性教育相结合。

一、思政元素在教学大纲中的体现

行政管理专业课程思政元素在课程教学大纲中的要求是：课程目标定位明确或蕴含课程思政的教育目标；教学内容能够对应课程思政的领域并具备具体的教学设计模块；教学方法体现课程思政教学的引导性、互动性、启发性、渗透性等特点；考核标准具有明确的有关课程思政内容的考核点。

行政管理专业课程的教学大纲要彰显科学精神、时代精神，蕴含中国特色社会主义的政治和行政理念、以人民为中心的行政价值观和公共责任，倡导科学管理、系统管理、人本管理、参与管理的理念和方法，体现协同、合作和为公共利益服务。

二、思政元素在课程教学中的表现方式

行政管理专业的课程思政元素在课程教学中的表现方式多种多样，其目的是培养学生具有坚定的政治立场、高度的社会责任感和公共服务意识。行政管理专业的课程思政要积极引导学生参与课堂教学管理，形成老师备课、研课、讲课和学生听课、演课和评课"六课"协同模式，让学生对理论体系和现实实践中的思政元素有更深刻的认知和感知，让专业教育的思政元素真正抵达学生内心深处。

（一）课程内容的思政元素设计

以课程思政元素与课程体系的对应关系（参见图11-2）为指引，在每一门专业课程中设计思政元素、思政环节、思政教学案例。各专业课程的思政元素彼此关联、相互支撑，既有共通性，又有特色和侧重点。例如，在公共管理学、行政管理学、行政法、公共政策、公共经济学等课程中，融入马克思主义政治哲学、中国特色社会主义的政治和行政理念、政策价值观和行政伦理；在管理学原理、电子政务、公共部门人力资源管理、公共部门绩效管理等课程中，提倡科学精神与人文精神的统一，强调科学管理、系统管理、人本管理、数字治理的理念和方法；在领导科学、公共组织学、市政管理学、公共关系学等课程中，凸显公共利益和公共责任，强调变革性领导和管理、参与式治理和合作治理。

（二）知识传授、解析和互动

在行政管理的重要历史、现实问题，以及中西方的比较等方面，嵌入思政元素，用以阐释或支持相应的理论内容的传授。在课程内容中融入政治、伦理和文化等元素，使其更具思政性。例如，在公共政策课程中，讲授政策制定背后的价值观和伦理考量；在公共管理学课程中，强调跨部门合作、政府间合作、政府与社会和人民互动的政治和社会意义。注重运用历史唯物主义和辩证唯物主义的原理方法，全面地对思政元素进行阐释和解释，拓展学生的视野。通过课堂互动等方法，引导学生思考并表达自己的观点，以增强思政元素的引导与塑形作用。

（三）案例分析

选择与行政管理专业相关的实际案例，如中国之治的历史传承和世界意义、公共决策中的伦理困境、公共政策的制定和实施中的价值观考量、数字政府治理中的技术要素与政治要素的博弈等。通过案例分析，引导学生认识和理解国家行政管理过程和公共政策背后的政治、社会、伦理和文化因素，增强理性思维能力。

（四）讨论与辩论

定期或不定期地组织学生围绕公共问题、政策和决策进行主题讨论和辩论。通过讨论和辩论，引导学生对公共事务的管理形成独立、客观和全面的看法。

（五）基于翻转课堂的混合式教学

将课程思政元素嵌入行政管理的科学问题中来，在线上线下的混合式教学基础上融合翻转课堂，通过不断讨论、交流、评价，达到最佳教学效果。混合式教学和翻转课堂都是较新的教学方法，它们可以和谐地统一到课程思政的教学之中，实现课程思政的教学方法创新。首先，在行政管理专业课程中构建科学性的理论与现实实践相结合的科学问题。其次，构造线上和线下的教师与学生分工。教师在线上发布任务和资源并在线答疑，学生在线上接收任务、自主学习和提问交流。通过线上的开放式的准备，使学生能够搜集更广泛的信息和数据。在线下，学生进行汇报展示、参与讨论和测评总结，教师则组织汇报、答疑辅导、拓展任务和总结评价。通过这种方式，可以推动思政元素教学中的价值性与科学性、理论性与实践性的统一，提升学生的体验感。

（六）教学研究项目与实践

设计与课程思政相关的教学研究项目，尤其是关注国家行政管理的现实议题，如行政管理体制改革、腐败治理、网络参与、公共决策、社区服务设计等，梳理、发现和提炼相关的思政元素，在教学过程中进行实践，引导学生参与其中，通过研究设计和参与，推动以学生为主体的课程思政教学研究。

（七）实地考察与调研

在认识实习、毕业论文写作中，组织学生到政府部门、社会组织和社区进行实地考察和调研。通过实地学习，使学生了解公共管理的实践工作和挑战，培养其公共服务意识。

（八）评估与反思

通过课堂答题和提问、课后作业、期末考试等定性和定量的方式，评估学生在专业课程学习中的思政表现，主要是价值、信念和思维能力。教师也要主动评估和反思自身在课程思政教学中的实际表现，主要包括课程设计、教学方法、教学效果等，以不断改进课程思政的教学。

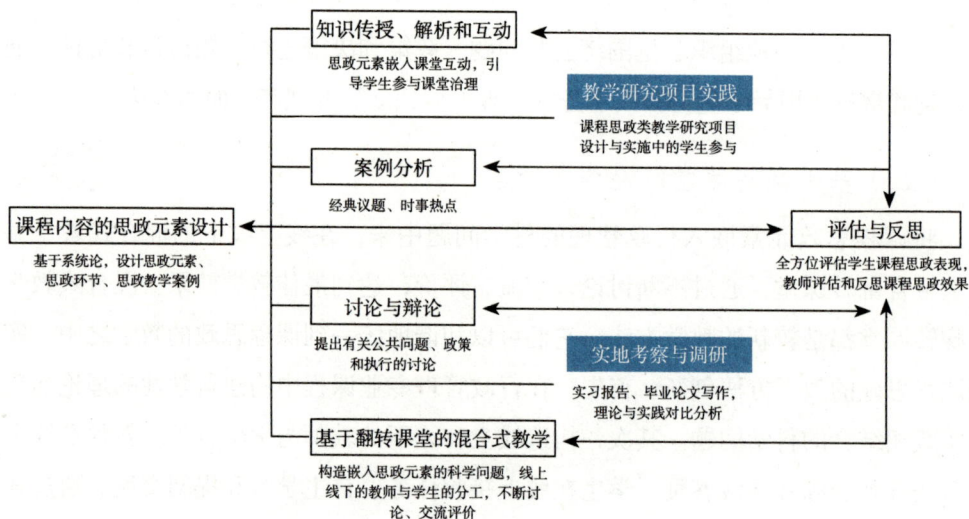

图11-3　思政元素在课程教学中的表现方式

三、思政元素在课程教学中的总体设计

行政管理专业的思政元素总体设计，旨在将行政管理专业知识传授和思政教育紧密结合，培养学生的政治意识、社会责任感、公共服务精神和正确的价值观。

（一）设计原则

注重思政元素的不同类别，包括政治类、观念类、学理类、素养类、人文类、情感类等的互动互补与综合平衡。通过立体性的思政元素，形成课程思政的全员、全程、全课程育人格局。

提升各专业课程的思政元素的关联性和融合度，实现专业的课程思政元素可视化和映射地图。

综合采用多元化的课程思政教学方法和路径，将知识呈现、理论逻辑、历史性分析和情境分析、案例研讨、数据分析等结合起来，提升课程思政的科学性和合理性。

（二）教学方法、过程和保障

以课堂为主体，使各类专业课程同向同行，形成协同效应。其一，在专业课教学过程中融入经典的理论议题、时政要闻、优秀案例等，体现课堂的灵活性、多样性、互动性。通过问题回答、讨论、论证和分析引发思考并创新，进而充分挖掘各类思政元素的作用。其二，注重团队合作和案例教学，通过调整和改进教学方法，培养团队合作意识，提升互补能力。其三，课堂上鼓励采用小组讨论、报告等方法，也可以通过演讲、辩论、互动点评等形式，或通过翻转课堂调动学生融入课程思政教学的能动性。

第二课堂与社会实践相辅相成。思政元素可以融入见习、实习、社会调研等教学环节和过程，提升学生学习的主动性和参与性，让课程思政过程成为滋养学生创新精神、夯实创新底蕴、塑造创新品格的过程。

做好课程思政建设的保障措施。其一，组织课程思政建设的系列活动。通过典型经验交流、教学观摩、教师教学培训等活动，交流课程思政的教学成果，针对"为什么融入""融入方式""融入存在的问题""融入效果"等问题进行探讨。其二，从教学方法、教学环节、教学技巧等方面积极探索课程思政建设的新途径，提高教师的课程思政意识，以及课程思政与专业知识传授相融合的能力，落实课程思政的教学实效。其三，构建精品课程思政网络课程，推进优质的教学资源共享，使教师可以通过网络平台、现场讲座等形式，学习如何将课程目标（包括知识目标和能力目标）与课程思政建设相结合、学习课程思政的融入设计，采取恰当的教学方法，借助多媒体等教学设备，促进课程思政建设的经验学习。

（三）课程思政的过程设计

行政管理专业课程思政目标纳入专业培养计划，成为培养目标和毕业要求的重要构成要素。

依据培养计划编制专业基础课程、专业及方向课程、实践环节的课程教学大纲，并将课程思政理念有机融入专业课程的教学大纲。

根据课程教学大纲中的课程目标、课程对毕业要求的支撑关系、教学内容和基本要求，以及教学方法和考核等细化教学知识点，合理设计课程教案，并将课程思政元素有机地融入课程教案的教学目标、教学内容和教学设计中。

　　教学过程中灵活采用多样的教学方法，提高课程思政教学的层次性、系统性和感染力。

　　选择蕴含思政元素的教材和资料，为学生提供全面、平衡和前沿的公共管理教育，同时，鼓励学生广泛阅读与思政元素相关的书籍、文章、报告等，拓宽其视野和知识面。

　　通过听课、教学研讨、教学法活动等，定期或不定期对课程教学中的思政表现进行评价，组织经验介绍和讨论，为专业课程的课程思政提供示范和改进方案。

　　在课程评价中，除了考核学生的专业知识和技能，还要考核其信念、理念和价值观。

　　对教师进行思政教育和行政管理专业素养双重培训，确保他们具备相关的知识和技能，并鼓励教师进行学术研究、交流和合作，组织教师参加与课程思政相关的研讨会、工作坊等活动，不断提升教师的课程思政意识和能力。

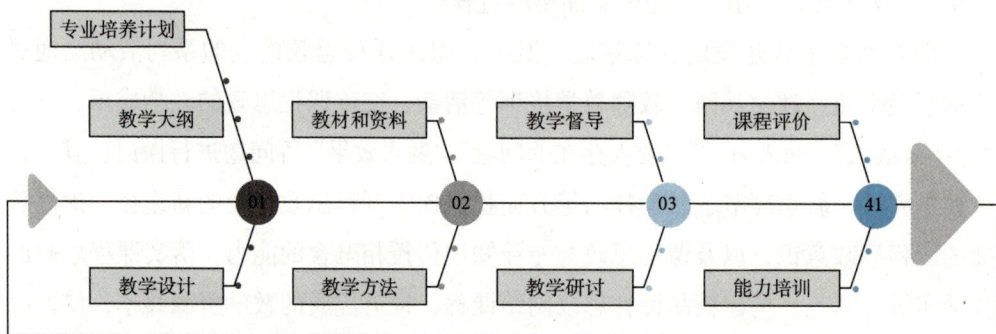

图11-4　课程思政的实施过程

第四节　行政管理专业课程思政教学的评价

　　行政管理专业对课程思政的评价方式应当多元化，确保学生不仅掌握理论知识，还能在实际情境中应用和体现其所学。课程思政教学效果需要长期的师生互动，发挥学生的主观能动性和教师的主体作用，将所学习的专业课知识应用到具体的场景中检验，形成对学生全方位的准确评价。

一、学生课程思政学习的考核方式和方法

教师根据学生的课堂表现、考试成绩、第二课堂和活动中的表现等，多维度评价学生。重点关注学生课堂的参与情况、小组讨论参与程度、课堂展示情况、作业完成情况，以及是否会向老师提出问题或与教师进行学术问题的讨论。同时，鼓励学生之间进行互评。

（一）课堂互动

通过思政内容或思政元素的讲述过程中的互动，比如提出问题和问题回答，以及雨课堂的习题、电子问卷等，辨别和评价学生对相应内容的理解和观点。

（二）笔试与书面作业

设计考试题目，评估学生对行政管理的基础理论和思政元素的结合。要求学生撰写论文或报告，分析实际的公共管理案例，结合思政元素，进行思考和探讨。

（三）案例分析与小组讨论

提供与思政元素相关的行政管理案例，要求学生进行分析和讨论。通过小组讨论，评估学生的思想观念、沟通技巧和团队合作能力。

（四）实地考察与调研报告

组织学生进行实地考察，如参观政府部门、公共机构、社区等。要求学生撰写调研报告，结合所见所闻，进行蕴含思政元素的实践问题的反思和分析。

（五）口头报告与展示

要求学生就某一公共管理的议题进行口头报告或展示，评估学生的思政觉悟、理论思维和批判性思维。

二、教师课程思政教学的考核方式和方法

对行政管理专业教师的课程思政教学过程的考核，主要是评估他们如何将思政元素融入教学中，以及教学的效果。

（一）教学观察与评价

由学院教学指导委员会对教师的教学进行观察，评价他们融合思政元素的方法和效果。考查教师如何在教学中强调和讲解思政元素，以及如何鼓励学生参与思政相关的讨论和活动。

（二）学生反馈与评价

通过学生评教问卷，了解他们对教师思政教学的满意度和建议。鼓励学生提供具体的反馈，如教师在哪些环节强调了思政元素，哪些方法有效，哪些需要改进等。

（三）教学材料与资料评价

评估教师所使用的教材、讲义、案例等教学材料，看其是否融入了思政元素。考查教师如何选择和设计与思政相关的教学内容和活动。

（四）教学研究与成果

考查教师是否进行了与课程思政相关的研究，如发表论文、承担项目、撰写教材、设计案例等。评价他们的研究成果，在提高行政管理专业课程思政教学的质量和效果方面的贡献。

（五）教学改革与创新

评估教师是否尝试新的教学方法和技术，如在线教学、互动教学、翻转课堂等。考查他们如何利用这些新方法和技术，融入思政元素，提高学生的学习兴趣和效果。

（六）实践与实习指导

考查教师如何组织和指导学生进行认识实习和毕业论文写作。评估他们在实践

和实习中，培养学生的公共服务意识、社会责任和思政觉悟的效果。

三、课程思政教学的评价方式和方法

对行政管理专业课程思政的评价，目的在于确保思政教育与行政管理专业教育的有机融合。对专业的课程思政教学评价以教学指导机构和学生评价为主，重点关注专业理论知识与思政元素的结合情况、教师课程思政的意识、教师课程思政的优秀成果等。

评价的目的不仅是了解当前的教学状况和效果，还要为今后的教学改进提供指导和建议。行政管理专业的课程思政教学评价应该是持续的、全面的，注重从多个角度和层次对教学质量和效果进行深入地探讨和分析。

（一）教学组织评价

主要是学院教学指导委员会通过多样方法进行评价。一是教学观察。通过观察所有专业教师的教学过程，评价其思政教学方法和效果。二是教学材料审查。审查教师使用的教材、讲义、案例等，看其是否合适，是否融入了适当的思政元素。三是课程考核成果分析。分析学生的期末考试、课程作业、项目和实践报告，了解他们对思政内容的掌握和应用情况。四是实践活动评价。对学生参与的公共管理实践活动和毕业论文进行评价，看其是否或如何体现了课程思政的理念和观念。五是教学研究与成果评估。评价教师进行的教学研究、发表的论文、撰写的教材等，评估其对课程思政教学的贡献。

（二）学生评价

通过学生的课程评价问卷，对所有专业教师的教学方法、内容和课程思政的结合程度进行评价。

（三）教师自我评价

专业教师对自身在课程中融入思政元素的方法、效果和学生的反馈进行自我评价和反思，可以通过撰写报告、教学诊断或经验交流等方式进行。

第五节　教师开展课程思政教学能力要求与提升

一、教师开展课程思政应具备的条件

行政管理专业教师开展课程思政教学，需要具备较高的素质和条件，涉及教师个人的政治素养、教育理念和教学技能。

（一）正确的政治立场、政治方向、政治态度

教师应要具有正确坚定的政治信仰，对马克思主义真学真信真用，爱党爱国，并掌握中国特色社会主义理论体系的核心精髓和要义，理解和掌握中国共产党治国理政、国家治理体系和治理能力现代化的理论体系。而且，教师要认同课程思政的教育价值和意义。

（二）深厚的专业知识

对行政管理的基本理论、方法和实践有较深入的了解。熟悉中国和世界重要国家的政治、经济、文化和社会背景，以及公共政策、公共服务和公共决策的实际情况。

（三）坚实的思政理论基础

掌握国家的思想政治教育理论和政策，能够将思政理论、课程思政理论与行政管理专业知识相结合。

（四）先进的教育理念和方法

掌握现代教育方法，如案例教学、互动教学、在线教学等，能够熟练使用雨课堂等信息化教学工具，并能根据学生的特点和需要，灵活地调整教学内容和方法。

（五）高度的教育热情和责任感

对思政教育和学生精神状态有深厚的热情和关心，对教学成果和学生的成长有高度的期望和追求。

（六）必要的实践经验和资源

有公共管理的实践和研究经验，如从事公共管理的科学研究，参与实地调研、政策制定、智库或政策咨询等。

二、教师课程思政教学能力培训

行政管理教师课程思政教学能力培训，应该是全方位、多层次和系统化的，注重理论与实践的结合，方法与技巧的学习，评价与反馈的反思，以及研究与创新的探索。这样，教师才能够有效地融合公共管理学科知识、行政管理专业知识和思政教育理念，为学生提供全面、深入和实用的思政教育。

（一）基础理论培训

学习国家的思想政治教育理论、政策和实践。学习国家公共管理的重要理论、战略和政策。

（二）教学方法和技巧培训

学习和实践现代教育方法，分析和讨论如何将思政元素融入行政管理专业教学，如选择和设计教材、案例、项目、活动等。

（三）实践活动和社会资源培训

组织教师参与公共管理的实践和研究活动，如课题研究、政策咨询、公共服务等。

（四）教学研究和创新培训

鼓励和支持教师开展教学研究，探索和创新教学方法和内容。组织教师参加与思政教育相关的研讨、交流、培训等活动，分享和交流经验与成果。

（五）评价和反馈培训

学习和讨论如何对教师的课程思政教学进行评价和反馈，如学生评价、教学观察等。分析和讨论评价的结果和建议，对教学进行持续的改进和发展。

（六）经验交流培训

邀请政府领导、专家和学者，为教师提供与思政教育或公共管理实践相关的讲座和交流，为教师提供新的视角和启示。

第十二章　英语专业课程思政教学工作指引

第一节　绪论

为深入贯彻落实习近平总书记关于教育的重要论述和全国教育大会精神，贯彻落实中共中央、国务院《关于深化新时代学校思想政治理论课改革创新的若干意见》和教育部《高等学校课程思政建设指导纲要》等重要指示，学校制定并通过《大连海事大学课程思政工作实施方案》，旨在有效推进学校课程思政工作深入开展，促进思政教育和专业教育的有效融合，确保思政教育落到实处、取得成效。

英语专业教学必须紧紧围绕立德树人的根本任务，充分挖掘课程中所蕴含的育人资源，强化育人理念，构建"价值引领、知识传授、能力培养"三位一体的教学目标，所有教学活动都承担起立德树人的根本任务，与思想政治理论课同向同行，形成协同育人合力，实现思政教育的全方位覆盖，从而全面提升英语专业学生的思想水平、政治觉悟、道德品质及文化素养。

一、英语专业课程思政的现实性

《新文科建设宣言》全面部署新文科建设，《新文科研究与改革实践项目指南》

对在高等教育领域全面深入推进新文科建设作出重要指示。英语专业人才培养规格和目标与国家战略需求和参与全球治理紧密对接，培养了解中国国情、具有国际视野、熟练运用英语、通晓国际规则、精通国际谈判的专业人才。同时，英语专业人才培养应打破学科壁垒，加强跨学科整合，培养既懂语言又懂国别研究，还懂专业方向知识的新型外语人才，为新时代中国参与全球治理提供强有力的人才支持。

在数智时代背景下，英语专业能够培养精准服务共建"一带一路"、建设海洋强国，满足辽宁沿海经济带高质量发展规划等社会经济需求，体现新文科人才特点的综合性、跨学科、融通性的英语专业人才。课程思政和专业教学的全面融合，是提升新时代英语专业学生素养能力的关键和重点。英语专业课程包含大量有关对象国文化以及世界多元文化的信息输入，为跨文化比较与反思提供了丰富的资源，因此英语专业人才培养是培养学生人文素养、价值取向、国际视野、文化自信、人类命运共同体意识的课程思政的重要阵地。

二、英语专业课程思政教学的目标和原则

（一）课程思政教学目标

将习近平新时代中国特色社会主义思想、社会主义核心价值观融入英语专业核心课程，培养学生爱党、爱祖国、爱社会主义、爱人民、爱集体的意识。帮助学生理解语言文学、文化现象的价值属性和语言使用作为社会文化实践的本质，引导学生学习中华优秀传统文化、革命文化和社会主义先进文化，传承中华文脉，提升语言运用能力、跨文化能力、思辨能力、研究能力、合作能力等多元能力，向世界讲好中国故事，传播好中国声音，促进人类文明交流互鉴。培育学生的宪法法治素养，引导学生树立正确的职业理想，成为具备家国情怀、全球视野、专业本领的高素质国际化英语人才。

1. 准确理解习近平新时代中国特色社会主义思想

在全面理解习近平新时代中国特色社会主义思想的基础上，结合英语专业课程特点，重点掌握实现中华民族伟大复兴中国梦、坚定"四个自信"、发展社会主义民主政治、全面深化改革开放、坚持新发展理念、推动社会主义文化繁荣发展、促进人与自然和谐共生、推进中国特色大国外交、共建"一带一路"、构建人类命运

共同体等方面的内容。重点引导学生掌握习近平新时代中国特色社会主义思想的立场观点方法。

2.培育和践行社会主义核心价值观

核心价值观是文化软实力的灵魂、文化软实力建设的重点。立足英语专业课程，倡导、培育和践行富强、民主、文明、和谐、自由、平等、公正、法治、爱国、敬业、诚信、友善的社会主义核心价值观，使之成为共同的价值追求。重点引导学生讲道德、尊道德、守道德，追求高尚的道德理想，使社会主义核心价值观内化为精神追求，外化为自觉行动。

3.加强中华优秀传统文化教育

博大精深的中华优秀传统文化是我们在世界文化激荡中站稳脚跟的根基。深度挖掘提炼英语专业知识体系，坚持古为今用、推陈出新，坚持洋为中用、融通中外，认真汲取中华优秀传统文化的思想精华和道德精髓，大力弘扬以爱国主义为核心的民族精神和以改革创新为核心的时代精神，深入挖掘和阐发中华优秀传统文化讲仁爱、重民本、守诚信、崇正义、尚和合、求大同的时代价值。重点引导学生学习中华优秀传统文化、革命文化和社会主义先进文化，传承中华文脉，富有中国心，饱含中国情，充满中国味。向世界讲好中国故事、中国共产党故事，传播好中国声音，促进人类文明交流互鉴。

4.深入开展宪法法治教育

基于英语专业课程，尤其是专业方向课程，坚持以习近平法治思想为指导，持之以恒培育学生的宪法法治素养。引导学生学思践悟全面依法治国新理念、新思想、新战略。重点培养学生把宪法精神内植于心、外践于行，深化对法治理念、法治原则、重要法律概念的认知，提高依法维权、参与社会公共事务、化解矛盾纷争的意识和能力。

5.深化职业理想和职业道德教育

在英语专业课程，尤其是实习实训环节中，切实引导学生树立正确的职业理想，养成良好的职业道德，形成正确的职业观、就业观和成才观，了解职业规范，增强职业责任感，热爱劳动、认真做人、扎实做事。重点培养学生遵纪守法、爱岗敬业、无私奉献、诚实守信、办事公道、开拓创新的职业品格和行为习惯。

（二）课程思政教学的主要原则

1. 遵循教育规律

遵循学生身心发展规律和教育教学基本规律，坚持学生中心、产出导向、持续改进，强化英语专业人才培养的顶层设计，促进课程建设的科学性、系统性、高效性。

2. 坚持教师主体

加强教师课程思政意识和能力培养，充分发挥教师在课程教学中的主体作用，最大限度激发教师课程教学改革热情，保障教师有效开展课程思政建设工作。

3. 突出涉海特色

结合交通运输行业属性和海事海洋特色，深入挖掘交通、海事、海洋教育内涵，强化特色教育育人功能，做到思政教育易开展、接地气、有成效。

4. 强化分类指导

突出前瞻性、可行性和协同性要求，注重统筹通识教育课、专业课和实践课的育人作用。明确各类课程思政教学改革思路、内容和方法，分类分步有序推进工作。

第二节　英语专业课程思政的内涵、思政元素
及其与课程目标的融合

本节探讨英语专业课程思政教学的内涵，基于"三色"思政理念，梳理课程思政元素，并进一步讨论课程思政元素内容的融合方式。

一、课程思政的内涵

英语专业课程思政教学围绕"培养什么人"的首要之问，"如何培养人"的关键之问，"为谁培养人"的核心之问，坚守为党育人、为国育才初心，以英语专业学

生的健康成长、全面发展为核心，积极探索将红色血脉、蓝色基因、绿色科技"三色"思政理念充分融入课程思政工作全过程，融合科学精神、创新精神等，涵盖法治教育、劳动教育、心理健康教育、中华优秀传统文化教育等，统筹推进全员育人、全过程育人、全方位育人。

英语专业课程思政建设应围绕立德树人这一根本任务，充分发挥课堂教学主渠道的育人作用，帮助学生掌握中国特色话语体系，用中国理论解读中国实践，提高向国际社会讲好中国故事的能力，为中国参与全球治理、推动文明互鉴、构建人类命运共同体贡献力量。把中华优秀传统文化、当代中国发展成就和中国共产党治国理政思想介绍给世界，为全球治理提供中国方案，贡献中国智慧。

二、课程的思政元素

基于体现校本特色的"三色"思政理念，结合英语专业课程思政建设的内涵和特点，确定课程思政内容，全面梳理英语专业教学所包含的课程思政元素，形成多维度的课程思政元素体系。

（一）政治认同—家国情怀—法治意识，传承红色血脉

引导英语专业学生坚持和认同社会主义核心价值体系、马克思主义意识形态、中国特色社会主义根本制度、党与政府治国理政举措。培养学生对国家的认同、认知意识，对中国的历史、文化、国情等的认识和理解，逐渐形成作为新一代中国青年的责任感、自豪感和归属感。引导学生树立法治意识，信仰法律、遵守法律、服从法律、维护法律。

（二）社会责任—文化素养—道德修养，延续蓝色基因

培养英语专业学生具备使命意识、忧患意识、担当意识、奉献意识，用理想信念、社会责任感和实际行动，实现中华民族伟大复兴的中国梦，服务海洋强国等国家战略和社会发展需求。引导学生了解中华优秀传统文化、革命文化、社会主义先进文化，尤其是海洋文化和航运文化的特点，具备文化自信，开展涉海文化国际传播。引导学生明大德、守公德、严私德，将正确的道德价值融入具体的生活实践，致力于构建全球海洋和平环境，促进国际海洋秩序的公平正义。

（三）科学精神—创新精神—生态文明，打造绿色科技

引导英语专业学生树立正确的学习观、科研观、奋斗观，坚定科技创新、服务国家、造福人民的思想，矢志奉献国家和人民，自觉将个人理想融入国家科技事业的发展之中。培养学生具备良好的判断能力和批判精神，在学习和继承人类优秀文明成果的基础上，勇于突破成规，勇于对现有知识质疑，不断发现和创新科学知识，推动社会向前发展。引导学生提升生态环境保护意识，树立人与自然和谐共生的理念，共同构建海洋命运共同体、建设美丽中国。

表12-1　大连海事大学"三色"思政理念、思政内容及课程思政元素

思政理念	思政内容	课程思政元素
红色血脉	习近平新时代中国特色社会主义思想、社会主义核心价值观、爱国主义教育、宪法法治教育等	政治认同 家国情怀 法治意识
蓝色基因	国家大势强国战略、文化自信教育、道德品格教育等	社会责任 文化素养 道德修养
绿色科技	国家大势强国战略、科学思维方法教育、生态文明教育等	科学精神 创新精神 生态文明

三、英语专业课程思政与课程教学目标的融合

英语专业培养计划规定学生参与的教学活动主要包括理论课程和实践教学环节。

理论课程包括公共基础及通识课程、专业基础课程和专业方向课程。公共基础及通识课程，培养学生的思想道德修养、人文素质、科学精神、宪法法治意识、国家安全意识和认知能力。专业基础课程为语言技能类课程，培养学生的英语语言运用能力、汉语表达能力、第二外语运用能力、思辨能力、跨文化能力等。专业方向课程由专业知识课程和研究方法课程组成，涵盖语言学、文学、翻译与跨文化、专业用途英语（海事与商务课程）等专业方向，培养学生的语言分析能力、英语文学赏析能力、英语口笔译能力、跨文化能力、信息技术应用能力等。

实践教学环节包括专业实践课程、专业实习、创新创业实践、社会实践和毕业论文等，培养学生的实践能力、创新创业能力、研究能力等。

表12-2　英语专业课程思政元素与课程教学内容的融合

课程性质	主要课程	课程思政元素
公共基础及通识课程	马克思主义基本原理、毛泽东思想和中国特色社会主义理论体系概论、习近平新时代中国特色社会主义思想概论、思想道德修养与法律基础、国家安全教育（英语）、逻辑学、中国近代史纲要、高等数学、线性代数（B）、大学计算机基础、计算机程序设计基础（VB）、体育	政治认同、家国情怀、法治意识、社会责任、文化素养、道德修养、科学精神、创新精神、生态文明
专业基础课程	综合英语、英语阅读、英语视听、英语口语交际、演讲的艺术、基础英语写作、基础英语语法、现代汉语、中国文化概要、理解当代中国——英语读写、理解当代中国——汉英翻译、理解当代中国——英语演讲、研究方法与学术论文写作、第二外语	政治认同、家国情怀、法治意识、社会责任、文化素养、道德修养、创新精神、生态文明
语言学类专业方向课程	语言学概论、英汉语言对比、数据库与语言处理、高级英语语法、英语词汇学、语义学与语用学、语料库语言学导论、语言学研究方法导论、语言统计学导论、语言学专题	政治认同、家国情怀、政治意识、社会责任、文化素养、道德修养、科学精神、创新精神、生态文明
文学类专业方向课程	英语文学导论、英国文学史及作品选读、美国文学史及作品选读、英语小说选读、英语诗歌选读、英语散文选读、海洋文学专题	政治认同、家国情怀、政治意识、社会责任、文化素养、道德修养、科学精神、创新精神、生态文明
翻译与跨文化类专业方向课程	翻译理论与实践、英汉/汉英笔译、英汉/汉英口译、专题口译、计算机辅助翻译、中国文化概要、跨文化交际、英国社会与文化、美国社会与文化、翻译与跨文化专题	政治认同、家国情怀、法治意识、社会责任、文化素养、道德修养、科学精神、创新精神、生态文明
专业用途英语（海事与商务）类专业方向课程	海事英语基础、航运文化、海事翻译、海商法、租船运输实务与法律、外贸运输保险、运输代理业务、国际商务基础、商务英语阅读、国际商务函电、国际商务谈判、国际贸易法	政治认同、家国情怀、法治意识、社会责任、文化素养、道德修养、创新精神、生态文明
实践教学环节	创新思维与创新方法、船舶实习、社会实践、外语实践、毕业实习及毕业论文	政治认同、家国情怀、法治意识、社会责任、文化素养、道德修养、科学精神、创新精神、生态文明

（一）公共基础及通识课课程思政

注重在潜移默化中坚定学生理想信念、厚植爱国主义情怀、加强品德修养、增长知识见识、培养奋斗精神，提升学生综合素质。帮助学生在体育锻炼中享受乐趣、增强体质、健全人格、锤炼意志，在美育教学中提升审美素养、陶冶情操、温润心灵、激发创造创新活力。

（二）专业基础课课程思政

在语言输入（如英语听、读课程）和语言输出（如英语说、写、译课程）的教学中，提供有中国立场、中国文化、中国理论和中国实践的语言材料，设置相关话题，引导学生以马克思主义世界观和方法论为指导，以社会主义核心价值观为参照，进行中外对比，坚持中国立场、拓展全球视野，讲好中国故事，传播好中国声音。

（三）专业方向课课程思政

语言学类课程思政教学，通过展示、对比英语和汉语蕴含的思想和文化，引导学生欣赏语言之美和世界语言的多样性，分析、评价语言所蕴含的思想和文化，树立跨文化意识。

文学类（包括比较文学与跨文化研究类）课程思政教学，通过揭示人类共同情感和全人类共同价值（对和平、发展、公平、正义、民主、自由，以及真善美的追求），增加课程的人文性；通过启发学生洞察文学作品蕴含的思想价值和精神内涵，用马克思主义世界观和方法论评析外国文学作品，开展跨文化比较，坚持文化自信。

翻译类课程思政教学，通过强化学生在翻译过程中的家国情怀、全球视野和跨文化意识，培养学生用语言对象国受众易于听懂的语言、乐于接受的方式讲述中国故事、传播中国声音的能力。

跨文化类课程思政教学，通过引导学生树立全球视野，尊重世界文明多样性，深入了解语言对象国的历史、文化、政治、经济，培养跨文化能力，在比较、分析和评价中更好地理解中国政治经济文化实践，坚定中国立场，坚定"四个自信"。

专门用途英语类课程（海事英语基础、航运文化等）思政教学，基于学校涉海特色，注重启发引导学生运用马克思主义基本立场、观点和方法，掌握课程知识体系，学习借鉴人类文明优秀成果，培养学生人文精神与科学素养。

（四）实践教学环节课程思政

结合专业实习、创新创业实践、社会实践、国际交流活动等，阐释马克思主义实践观，启发学生深刻理解并践行社会主义核心价值观，学思践悟习近平新时代中国特色社会主义思想，感受中国共产党始终坚持为中国人民谋幸福、为中华民族谋复兴的初心和使命所取得的伟大成就，深化职业理想和职业道德教育。毕业论文环节课程思政，结合研究课题引导学生运用马克思主义世界观和方法论开展科学研究，培养和检验学生综合运用所学理论知识研究和解决问题的能力和创新能力。

第三节　英语专业课程思政教学的方法

本节探讨思政元素在教学大纲中的体现，思政元素在课程教学中的表现形式，以及思政元素在课程教学中的总体设计。

一、思政元素在教学大纲中的体现

专业课程是课程思政建设的基本载体。深入梳理专业课教学内容，结合不同课程特点、思维方法和价值理念，深入挖掘课程思政元素，有机融入课程教学大纲和课程教学，达到润物无声的育人效果。

在课程目标中，提出课程应该达到的思政目标。各类课程基于体现校本特色的"三色"思政理念，根据课程内容和课程特点，结合课程知识目标和能力目标，考虑英语专业学生未来工作场景的需求，设置适当的思政目标。思政目标描述清晰、内容具体、可达成、可测量。

在课程内容中，设计融入课程内容且支持课程思政目标达成的课程思政元素。围绕课程思政目标，结合课程内容，搜集相关教学素材，选取适当的教学方法和手段，设计课程思政元素，注重融入式、启发式、讨论式、探究式教学，注重提升学生的课程学习体验感和学习效果。

在课程作业中，提出令学生充分思考、体现课程思政元素，促进学生思政目标达成的具体要求。遵循一致性建构原则，强调学习成果导向的教学设计理念，课程作业应具有前瞻性、挑战性等特点，鼓励学生运用所学知识开展批判性思维、开展团队合作，课程思政元素融入自然，思政目标测量手段清晰、操作性强。

在课程考试中，对课程思政目标的达成应有相关的成绩要求。课程思政目标的完成程度和具体完成效果在课程考试中应有明确的设定，评分标准清晰，方便测量。

二、思政元素在课程教学中的表现形式

课程思政元素在课程教学的过程中表述的方式、方法、载体等具有多样性，教师根据课程教学内容和思政元素的特点选择合适的题材，如故事、案例、场景、图片、视频等。在课程教学中，课程思政元素的表现形式应遵循以下原则。

（一）启发与渗透相结合

教师是教学活动的设计者和协调者，学生是学习的主体。围绕课程思政教学目标，将课程思政元素有机融入课程内容，加强学情分析，了解学生的心理特点，提高沟通技巧，增进交流互动，帮助学生变被动学习为主动学习。教师设计具有前瞻性、挑战性的学习任务和项目，如小组讨论、研究报告、课题研究等，鼓励学生主动探索和解决在未来工作场景中可能遇到的实际问题，培养创新思维和实践能力。营造积极、支持的学习环境，鼓励学生自由表达、积极互动、互相学习，激发学生的学习动机和学习热情。通过小组合作学习，学生可以互相交流、分享知识、共同解决问题，增强团队合作精神和人际交往能力。在专业教学中培养学生逐渐形成作为新一代中国青年的责任感、自豪感和归属感，用理想信念、社会责任感和实际行动去实现中华民族伟大复兴的中国梦，服务建设海洋强国等国家战略和社会发展需求。

（二）历史与现实相结合

从纵向历史与横向现实的维度出发，通过认识世界和中国发展大势、国际形势和中国特色、历史使命和时代责任等，使思政元素既源于历史又基于现实，既传承历史血脉又体现与时俱进。引导学生了解中华优秀传统文化、革命文化、社会主义先进文化，尤其是海洋文化和航运文化的特点，坚定文化自信，讲好中国故事，传播好中国声音，提升开展涉海文化国际传播的能力。注重挖掘中国语言文字起源、语言的历史演变过程及主要特点、中西文学作品比较等典型案例，引导学生思考中

西语言文字特点、语言研究范式、文学研究方法的异同，注重采用跨学科、跨专业的方法和视角，为语言文字研究、文学研究、翻译研究与实践等贡献中国智慧。

（三）教学过程与教学效果相结合

在英语专业课程思政教学中，教师应立足英语专业人才培养的定位，人才培养特色和具体要求，在教学全过程中思考和设计课程思政。课前教师确定课程思政教学目标，针对课程教学内容，有的放矢地设计思政元素、选择教学方法并制定评价标准。课中教师根据学生的学习水平、学习状态以及其他客观因素及时调整教学手段，保证课程思政教学的顺利开展。课后教师及时开展教学反思，评估课程思政教学活动的开展情况及教学效果，增加或调整思政元素，根据学生反馈适当调整教学方法和手段，为下一轮教学提供可参考的意见。提倡引入督导评价、学生自我反思与评价等多元反馈机制，为课程思政教学提供更多的反馈和建议，在课程的全过程中评估课程思政的教学效果，确保达到课程思政的目标要求。

三、思政元素在课程教学中的总体设计

英语专业课程思政教学总体上坚持"八个统一"，即政治性和学理性相统一、价值性和知识性相统一、建设性和批判性相统一、理论性和实践性相统一、统一性和多样性相统一、主导性和主体性相统一、灌输性和启发性相统一、显性教育和隐性教育相统一。将"八个统一"基本原则与价值塑造、知识传授和能力培养有机融合。

在课程教学大纲提出的目标和要求的基础上，结合课程教学内容总体设计，将思政元素融合到课程每一章节的教案，充分利用现代信息技术手段，选择合适的教学策略、方法及手段实施教学活动，鼓励课程团队集体开展教学反思与讨论，及时并与时俱进地修改、补充教案，不断完善课程思政教学设计，提升学生的学习体验感。

在课程教学准备时，结合具体的课程内容，充分挖掘思政元素，寻找其与课程知识体系的融合点，并以润物无声的形式渗透到课程整个教学过程中，杜绝专业教育与思政教育"两张皮"现象。教师设计多元教学活动，如讨论与辩论、角色扮演、案例分析、项目式学习等，让学生成为学习的主体，及时评价课程思政教学效果。给予学生汇报、展示学习成果，开展同伴互评的机会，构建师生互动、生生互动的课程思政学习共同体。

第四节　英语专业课程思政教学的评价

本节探讨学生课程思政学习的考核方式和方法，教师课程思政教学的考核方式和方法，以及课程思政教学的评价方式和方法。

一、学生课程思政学习的考核方式和方法

考核学生的课程思政学习成效，主要聚焦学生平时的学习过程和学习表现，以过程性评价（参见表12-3）为主，兼顾终结性评价（参见表12-4），同时，尽量采用多元化的考核方式和方法（参见表12-5）。

表12-3　学生课程思政学习的过程性评价的考核形式、内容及考核指标点

过程性评价	考核形式	考核内容	考核指标点
课堂表现	课堂讨论、辩论、角色扮演等	学生在课堂活动中的参与度、表现出的问题解决能力、团队合作精神等	参与度、批判性思维能力、与同学的合作和互动
作业	读书报告、案例分析、反思日记等	作业内容应涵盖课程中的思政元素，如分析文学作品中的社会问题、记录跨文化交际中的个人感悟等	作业质量、思政内容的理解深度、个人观点和反思的深刻性
项目报告	小组项目、个人项目、调查报告等	社会语言学调查、跨文化交际研究、社区服务等	项目选题的社会意义、调查和研究的深度、数据分析和结果展示的质量、反映的思政内容和社会责任感
实践活动	创新创业活动、志愿服务、社会调查、实习经历等	学生在社会环境中的表现和收获	实践活动的参与度、实际效果、活动报告的翔实程度、对社会责任和价值观的体现

续表

过程性评价	考核形式	考核内容	考核指标点
学习档案	学习笔记、反思日志、成长记录等	记录学生在课程学习过程中的思考和感悟，特别是涉及思政内容的部分	记录的连续性、思考的深度、反思的独特性和成长轨迹的明显性
课堂观察	教师定期观察学生的课堂表现，记录其参与情况和思政素养的体现	学生在课堂讨论、辩论和其他活动中的表现	学生的参与度、表达的逻辑性和深度、对思政内容的理解和应用

表12-4　学生课程思政学习的终结性评价的考核形式、内容及考核指标点

终结性评价	考核形式	考核内容	考核指标点
期末考试	笔试、口试、综合测试等	考试题目应涵盖课程中的思政元素，如社会问题分析、文化比较、伦理讨论等	答案的准确性、思考的深刻性、对思政内容的理解和应用能力
论文	学期论文、毕业论文等	选题应体现思政内容，如语言政策分析、文化冲突研究等	选题的社会意义、研究的深度和广度、思政内容的融入和阐述、论文的创新性和逻辑性

表12-5　学生课程思政学习的多元评价的考核形式、内容及考核指标点

多元评价	考核形式	考核内容	考核指标点
同伴互评	小组成员之间、全班同学之间的互评	互评内容包括参与度、贡献度、合作精神、思政素养等	评价的公正性、详细程度和实际反映的情况
自我评价	学生对自己的学习过程和成果进行自我评价	学习目标的达成情况、个人收获和不足、未来改进的方向	自我评价的真实和深刻性、对思政内容的理解和反思
教师评价	教师根据学生在整个学期中的表现进行综合评价	包括课堂表现、作业质量、项目成果、期末考试成绩等	全面性、公正性、对学生个性和成长的关注

通过以上多元化的考核方式和方法，全面、科学地评价学生在英语专业课程中的思政学习效果，帮助学生在掌握专业知识的同时，提高思政素养和综合素质。

二、教师课程思政教学的考核方式和方法

考查教师的课程思政教学水平和课程建设情况，可以围绕以下几个方面确定考

核标准，具体考核方式包括督导听课、同行评议、学生网评等。

（一）课程思政理论素养

教师具有理想信念，掌握马克思主义世界观和方法论，能从历史与现实、理论与实践、中国与世界等维度深刻理解习近平新时代中国特色社会主义思想；有道德情操、家国情怀，深刻理解社会主义核心价值观，熟悉中华优秀传统文化、革命文化、社会主义先进文化。

（二）课程思政教学能力

教师有扎实知识，具备熟练运用外语开展课程思政教学的能力；具备敏锐捕捉语言材料中蕴含思政教学元素的能力；具备根据本专业不同课程性质和内容，运用有效教学方法的能力；有仁爱之心，具备良好的师德师风，能以身作则，春风化雨，引导学生成人成才。

（三）课程建设情况

课程思政教学目标。贯彻落实本专业课程思政教学目标，遵循外语类教育教学规律，注重本专业课程与思想政治理论课同频共振。

课程思政教学内容：根据课程教学大纲，紧扣英语专业课程思政教学重点，有效挖掘思政元素，将专业课程与思政元素有机融合，将专业知识传授、解决问题能力培养与思想政治教育紧密结合。

课程思政教学设计。结合上述目标与内容，开展系统化的课程思政教学设计。包括明确课程思政目标、提炼思政元素、融合思政元素与课程内容，创新教学方法和评价机制，提高课程思政教学效果。

课程思政教学资源。整合各类优质专业教育教学资源，支撑本专业课程思政目标的实现；优先选用马工程重点教材、《理解当代中国》多语种系列教材或其他适合开展课程思政的教材；建设课程思政优秀教学案例、讲义、示范课、公开课，以及促进专业教师课程思政教学能力提升的各类课程资源。

三、课程思政教学的评价方式和方法

（一）课程思政目标达成情况

贯彻落实立德树人根本任务，在专业培养目标中有机融入课程思政理念；紧密结合英语专业培养目标与人才培养规格要求，将课程思政教学目标贯穿专业人才培养全过程。重点考查课程大纲中是否明确提出课程思政的教学目标，是否提出课程思政的要求等。

（二）课程思政教学过程落实情况

采用督导听课、同行评议、学生网评等方式，对教师授课的课程思政融合情况进行多维度全方位评价。重点考查课程思政的相关制度和机制、教师的课堂教学过程、授课教案是否按照课程大纲要求执行，是否将课程思政元素与教学内容融会贯通。

（三）课程思政教研机制

结合专业建设与课程思政教学目标，建立健全英语专业课程思政长效教研机制，注重开展常态化的课程思政教师培训和教学研讨，建设形式多样的课程思政教研平台。

（四）课程思政成果培育

将课程思政建设成果纳入教师专业发展与业绩考核；以建设课程思政优秀教学成果和典型案例为抓手，促进课程思政研究与实践，不断提高课程思政教学水平。

（五）课程思政质量监控

结合英语专业课程思政教学目标，建立健全课程思政教学管理与质量监控制度；设计课程思政教学评价体系及监测指标，将课程思政教学成效作为常态化教学质量监控的重要评价内容。

第五节　教师开展课程思政教学能力要求与提升

本节探讨教师开展课程思政应具备的条件，对教师开展课程思政教学能力的培训，以及对教师开展课程思政的制度和机制建设。

一、教师开展课程思政应具备的条件

英语专业教师开展课程思政教学，应具备课程思政理论素养、课程思政教学能力、课程思政数字化应用能力和课程思政团队协作能力。

（一）课程思政理论素养

教师具有理想信念，掌握马克思主义世界观和方法论，能从历史与现实、理论与实践、中国与世界等维度深刻理解习近平新时代中国特色社会主义思想。

教师具有道德情操、家国情怀，深刻理解社会主义核心价值观，熟悉中华优秀传统文化、革命文化、社会主义先进文化。

（二）课程思政教学能力

教师具有扎实的专业知识，具备熟练运用英语开展课程思政教学的能力。

教师具备敏锐捕捉语言材料中蕴含思政教学元素的能力。

教师具备根据本专业不同课程性质和内容，运用有效教学方法的能力。

教师具有仁爱之心，具备良好的师德师风，能以身作则，春风化雨，引导学生成人成才。

（三）课程思政数字化应用能力

教师应用数字技术资源开展课程思政教育教学活动的能力，包括数字化教学设计，数字化教学实施，数字化学业评价，以及数字化协同育人。

数字化教学设计。教师选用数字技术资源开展学习情况分析、设计教学活动和创设学习环境的能力，包括开展学习情况分析，获取、管理与制作数字教育资源，设计数字化教学活动，以及创设混合学习环境。

数字化教学实施。教师应用数字技术资源实施教学的能力，包括利用数字技术资源支持教学活动组织与管理，优化教学流程，以及开展个别化指导。

数字化学业评价。教师应用数字技术资源开展学生学业评价的能力，包括选择和运用评价数据采集工具，应用数据分析模型进行学业数据分析，以及实现学业数据可视化与解释。

数字化协同育人。教师应用数字技术资源促进学校家庭社会协同育人的能力，包括学生数字素养培养，利用数字技术资源开展德育、心理健康教育，以及家校协同共育。

（四）课程思政团队协作能力

教师应具备在课程思政教学团队中的沟通、团队合作能力，能够积极参与集体备课、教学研讨、教学反思等活动，必要时参与撰写课程思政案例、完成课程思政案例库建设等相关工作。

二、教师课程思政教学能力培训

（一）依托校级资源开展线下为主的课程思政专题培训

以"曲建武工作室"为引领，以校内外课程思政专家为骨干，采用专题培训、教学研讨、集体备课等方式，面向学院党政负责人、相关部门负责人、教学管理干部队伍、教学团队和专业教师开展课程思政培训。强化新教工入职培训的思政教育元素融入，并在日常培训中体现思政教育元素。组织骨干教师到国内课程思政建设示范高校进行现场观摩和演练。

（二）依托外国语言文学学科、英语语言文学专业相关资源开展课程思政能力提升培训

尊重专业课教师的个体差异，以教师培训需求为导向，形成"分散与集中培训相结合、理论与实践培训相结合、线上与线下培训相结合"的培训形式（教育部全

国高校教师网络培训中心培训项目、外国语言文学类专业教指委组织的"三进"教学系列教师培训、"理解当代中国"系列虚拟教研室活动等），通过"优质课程思政教学案例分享""名师课堂观摩和交流""典型课程思政教学示范""课程思政教学方法体验"等多样化的培训方式，提升专业课教师课程思政教学能力。

（三）鼓励教师参与课程思政教学改革实践活动

鼓励并支持教师参与课程思政教学改革项目，引导教师积极开展课程思政教学改革实践行动，参与各级别课程思政教学比赛活动，提升教师的参与度和自信心、自豪感。

三、课程思政的制度和机制建设

（一）加强组织领导

学校成立由校党委书记和校长任组长，分管思想政治和本科教学工作的副职校领导为副组长，教务处、党委宣传部、人事处、党委学生工作部、团委、马克思主义学院等有关部门和学院负责人为成员的课程思政工作领导小组，统筹推进全校课程思政教育教学改革工作。加强制度设计与完善，把思想政治工作制度建设作为学校治理体系现代化的重要政策基点，把全员育人理念纳入学校事业发展的规划和发展战略之中，强化顶层设计，重点研究制定挖掘用好各门课程思政元素的政策措施。

（二）加强协同联动

建立相关职能部门和学院各负其责、互相协同配合的课程思政教育教学改革工作机制，构建各学科体系间任课教师的交流沟通与左右联动机制，定期开展调研和专项研讨，研究提出具体政策和措施，确保课程思政教育教学改革落到实处。

（三）强化工作考核

定期对课程思政工作实施情况进行评价，建立动态化、常态化、滚动式评价模式，使各门课程思想政治教育功能融入全流程、全要素可查可督，及时宣传表彰、督促整改。把教师参与课程思政教学改革情况和课程思政效果作为教师考核评价、岗位聘用、评优奖励、选拔培训的重要依据；改革学生的课程学习评价方式，把价值塑造、知识传授和能力培养的教学目标纳入学生的课程学习评价；将学院推进课程思政教育教学改革成效纳入学院绩效考核评价。

（四）提供经费支持

划拨专项经费保障工作开展，通过项目的形式对课程思政工作提供经费保障，确保专项建设项目顺利实施。对于工作开展突出的学院和优秀课程给予奖励。